中国人民银行

THE PEOPLE'S BANK OF CHINA QUARTER

U0630176

2025-1

总第117期

VOLUME CXVII

目录

Contents

目
录

Contents

1 1 主要经济指标
Major Economic Indicators

单位：亿元
Unit:100 Million Yuan

时间 Time	国内生产总值* （现价） Gross Domestic Product* (Current Price)	第一产业 Primary Industry	第二产业 Secondary Industry	第三产业 Tertiary Industry
2017	847383	62100	331581	453703
2018	936010	64745	364835	506430
2019	1005872	70474	379860	555539
2020	1034868	78031	381986	574851
2021	1173823	83217	447138	643468
2022.01				
2022.02				
2022.03	277176	10921	102920	163336
2022.04				
2022.05				
2022.06	576287	29103	221609	325575
2022.07				
2022.08				
2022.09	891687	54757	339457	497473
2022.10				
2022.11				
2022.12	1234029	88207	467630	678193
2023.01				
2023.02				
2023.03	292369	11500	104580	176289
2023.04				
2023.05				
2023.06	608606	30196	224508	353902
2023.07				
2023.08				
2023.09	937047	55956	344190	536901
2023.10				
2023.11				
2023.12	1294272	89169	475936	729167
2024.01				
2024.02				
2024.03	304762	11459	108277	185026
2024.04				
2024.05				
2024.06	633599	30469	233253	369878
2024.07				
2024.08				
2024.09	975357	57364	356492	561502
2024.10				
2024.11				
2024.12	1349084	91414	492087	765583

* 季度国内生产总值为当年累计数。

* The quarterly data for GDP are grand totals of current year.

1 2 主要经济指标
Major Economic Indicators

单位：%
Unit: %

时间 Time	国内生产总值 * Gross Domestic Product*	第一产业 Primary Industry	第二产业 Secondary Industry	第三产业 Tertiary Industry	工业增加值 ** Industrial Value-added**	国有及国有控股企业 State-owned and State-holding Enterprises	集体企业 Collective Enterprises	外商及港澳台投资企业 Foreign-funded Enterprises
2017	6.9	4.0	5.9	8.1	6.6	6.5	0.6	6.9
2018	6.8	3.5	5.8	8.0	6.2	6.2	-1.2	4.8
2019	6.1	3.1	4.6	7.6	5.7	4.8		2.0
2020	2.3	3.1	2.1	2.4	2.8	2.2		2.4
2021	8.6	7.1	8.2	9.0	9.6	8.0		8.9
2022.01								
2022.02								
2022.03	4.8	6.1	4.0	5.3	5.0	3.3		-1.1
2022.04					-2.9	-2.9		-16.1
2022.05					0.7	0.7		-5.4
2022.06	2.7	5.1	2.0	3.0	3.9	3.1		3.6
2022.07					3.8	5.4		1.9
2022.08					4.2	5.6		4.0
2022.09	3.2	4.3	2.4	3.5	6.3	4.9		5.4
2022.10					5.0	4.4		2.0
2022.11					2.2	2.2		-3.7
2022.12	3.1	4.2	2.3	3.5	1.3	1.9		-7.5
2023.01								
2023.02								
2023.03	4.7	3.7	2.9	5.9	3.9	4.4		1.4
2023.04					5.6	6.6		11.8
2023.05					3.5	4.4		4.2
2023.06	5.7	3.7	4.0	6.9	4.4	5.4		-1.4
2023.07					3.7	3.4		-1.8
2023.08					4.5	5.2		0.8
2023.09	5.4	4.0	4.1	6.5	4.5	5.9		0.4
2023.10					4.6	4.9		0.9
2023.11					6.6	7.3		4.4
2023.12	5.4	4.1	4.4	6.3	6.8	7.3		6.9
2024.01								
2024.02								
2024.03	5.3	3.3	6.0	5.0	4.5	4.1		2.6
2024.04					6.7	5.4		6.2
2024.05					5.6	3.6		2.5
2024.06	5.0	3.5	5.8	4.6	5.3	3.0		2.9
2024.07					5.1	3.5		4.2
2024.08					4.5	3.6		2.8
2024.09	4.8	3.4	5.4	4.7	5.4	3.9		2.4
2024.10					5.3	3.8		2.9
2024.11					5.4	3.9		3.4
2024.12	5.0	3.5	5.3	5.0	6.2	3.1		5.6

* 国内生产总值累计增长率和工业增加值当月增长率按可比价格计算。

* The growth rates of accumulative GDP and the growth rates of monthly industrial value-added are calculated on the basis of comparable price.

** 工业增加值口径自 2011 年起改为年主营业务收入 2000 万元及以上的工业企业。

** The industrial value-added has been adjusted to industrial enterprises with the annual sales income from main business over 20 million yuan since 2011.

1 3 主要经济指标
Major Economic Indicators

单位：亿元
Unit: 100 Million Yuan

时间 Time	固定资产投资（不含农户）* Fixed Assets Investment （Excluding Rural Households）*	国有及国有控股 State-owned and State-holding Units	房地产开发 Real Estate Development	消费品零售额 ** Total Retail Sales of Consumer Goods**
2017	385372	232887	103427	347327
2018	408176		112740	377783
2019	430145		123610	408017
2020	442791		132014	391981
2021	464665		137633	440823
2022.01				
2022.02	50763		14499	
2022.03	104872		27765	34233
2022.04	153544		39154	29483
2022.05	205964		52134	33547
2022.06	271430		68314	38743
2022.07	319812		79462	35870
2022.08	367106		90809	36258
2022.09	421412		103559	37745
2022.10	471459		113945	40271
2022.11	520043		123863	38615
2022.12	572138		132895	40542
2023.01				
2023.02	53577		13669	
2023.03	107282		25974	37855
2023.04	147482		35514	34911
2023.05	188815		45701	37803
2023.06	243113		58550	39951
2023.07	285898		67717	36761
2023.08	327042		76900	37933
2023.09	375035		87269	39826
2023.10	419409		95922	43333
2023.11	460814		104045	42505
2023.12	503036		110913	43550
2024.01				
2024.02	50847		11842	
2024.03	100042		22082	39020
2024.04	143401		30928	35699
2024.05	188006		40632	39211
2024.06	245391		52529	40732
2024.07	287611		60877	37757
2024.08	329385		69284	38726
2024.09	378978		78680	41112
2024.10	423222		86309	45396
2024.11	465839		93634	43763
2024.12	514374		100280	45172

* 自 2011 年起，投资项目统计起点标准由原来的 50 万元调整为 500 万元，"固定资产投资（不含农户）"等于原口径的"城镇固定资产投资"加上"农村企事业组织项目投资"。

* Since 2011, investment indicators have been calculated using new threshold criteria of 5 million yuan instead of 500 thousand yuan in the past. "Fixed Assets Investment(Excluding Rural Households)" equals to "Fixed Assets Investment in Urban Area" under the old creteria plus "Investment of Rural Enterprises and Institutions".

** 自 2010 年 1 月起，"消费品零售额"采用新的分组替代原来的分组。

** Since January 2010, "Total Retail Sales of Consumer Goods" has adopted new categories.

1 4 主要经济指标
Major Economic Indicators

单位：亿美元（除另注明外）
Unit:100 Million USD (unless noted otherwise)

时间 Time	人均收入 （单位：元人民币） 城镇居民可支配收入 Disposable Income of Urban Households	Income Per Capita (Unit:RMB Yuan) 农村居民可支配收入** Disposable Income of Rural Households**	进出口总值 Trade Volume	出口 Export	进口 Import	贸易差额 Trade Balance	外商直接投资* Foreign Direct Investment*	外汇储备* Foreign Exchange Reserves*
2017	36396	13432	41071	22633	18438	4196	1310	31399
2018	39251	14617	46224	24867	21357	3509	1350	30727
2019	42359	16021	45779	24995	20784	4211	1412	31079
2020	43834	17131	46559	25900	20660	5240	1444	32165
2021	47412	18931	59954	33160	26794	6366	1735	32502
2022.01			5672	3233	2440	793	158	32216
2022.02			4034	2148	1886	262	379	32138
2022.03	13832	5778	5029	2729	2300	429	591	31880
2022.04			4916	2690	2227	463	745	31197
2022.05			5317	3039	2278	761	878	31278
2022.06	25003	9787	5535	3234	2301	933	1124	30713
2022.07			5567	3275	2292	982	1239	31041
2022.08			5438	3104	2334	770	1384	30549
2022.09	37482	14600	5543	3182	2361	822	1553	30290
2022.10			5055	2936	2119	817	1683	30524
2022.11			5154	2906	2248	658	1781	31175
2022.12	49283	20133	5248	2969	2279	690	1891	31277
2023.01			4770	2844	1925	919	190	31845
2023.02			4053	2086	1966	120	397	31332
2023.03	14388	6131	5278	3024	2254	771		31839
2023.04			4911	2881	2030	850	735	32048
2023.05			4967	2809	2158	652	844	31765
2023.06	26357	10551	4972	2834	2138	696		31930
2023.07			4822	2808	2014	794	1118	32043
2023.08			5005	2838	2166	672		31601
2023.09	39428	15705	5178	2965	2213	751		31151
2023.10			4925	2742	2183	559		31012
2023.11			5162	2926	2236	691		31718
2023.12	51821	21691	5318	3033	2285	747		32380
2024.01			5290	3064	2226	837		32193
2024.02			4025	2217	1808	409		32258
2024.03	15150	6596	5002	2794	2208	586		32457
2024.04			5119	2919	2199	720		32008
2024.05			5218	3018	2200	817		32320
2024.06	27561	11272	5158	3073	2084	989		32224
2024.07			5153	3003	2150	853		32564
2024.08			5254	3083	2170	913		32882
2024.09	41183	16740	5253	3035	2218	817		33164
2024.10			5220	3089	2131	957		32611
2024.11			5268	3120	2147	973		32659
2024.12	54188	23119	5664	3356	2308	1048		32024

*　月度外商直接投资为累计数，外汇储备为余额数。

*　Monthly data for foreign direct investment are grand totals. Data for foreign exchange reserves are outstanding amounts.

**　自 2015 年起，本表中"农村居民现金收入"更名为"农村居民可支配收入"。

**　Since 2015, in this table, as "Cash Income of Rural Households", "Disposable Income of Rural Households" has been used.

1 5 主要经济指标
Major Economic Indicators

单位：亿特别提款权
Unit:100 Million SDR

时间 Time	进出口总值 Trade Volume			贸易差额 Trade Balance	外商直接投资 Foreign Direct Investment
		出口 Export	进口 Import		
2020	33351.5	18544.3	14807.2	3737.1	1034.5
2021	42465.5	23591.9	18873.5	4718.4	1218.1
2022.01	4052.5	2309.6	1743.0	566.6	113.2
2022.02	2879.4	1533.1	1346.3	186.8	270.3
2022.03	3638.0	1974.0	1664.0	310.0	423.9
2022.04	3603.2	1971.2	1632.0	339.3	536.6
2022.05	3962.2	2264.7	1697.5	567.2	635.7
2022.06	4136.0	2416.6	1719.4	697.2	819.4
2022.07	4227.5	2486.8	1740.7	746.0	907.3
2022.08	4136.5	2361.1	1775.4	585.7	1017.5
2022.09	4296.0	2466.3	1829.7	636.6	1148.4
2022.10	3946.4	2292.1	1654.3	637.9	1250.2
2022.11	3963.9	2234.9	1729.0	505.9	1325.1
2022.12	3949.3	2234.3	1715.0	519.3	1408.3
2023.01	3547.9	2115.6	1432.3	683.3	141.5
2023.02	3027.9	1558.8	1469.0	89.8	296.1
2023.03	3949.6	2263.2	1686.4	576.7	
2023.04	3640.7	2135.6	1505.1	630.5	546.6
2023.05	3703.3	2094.5	1608.8	485.8	627.5
2023.06	3727.9	2124.7	1603.2	521.5	
2023.07	3584.8	2087.5	1497.2	590.3	831.5
2023.08	3754.6	2129.5	1625.2	504.3	
2023.09	3925.5	2247.5	1678.0	569.5	
2023.10	3755.6	2090.8	1664.8	425.9	
2023.11	3900.7	2211.3	1689.4	521.9	
2023.12	3987.0	2273.6	1713.4	560.2	
2024.01	3967.2	2297.5	1669.7	627.8	
2024.02	3035.0	1671.8	1363.2	308.6	
2024.03	3762.8	2102.0	1660.8	441.2	
2024.04	3878.9	2212.4	1666.5	545.9	
2024.05	3946.6	2282.4	1664.2	618.2	
2024.06	3908.7	2329.2	1579.4	749.8	
2024.07	3891.5	2267.7	1623.7	644.0	
2024.08	3920.6	2300.9	1619.7	681.3	
2024.09	3891.4	2248.3	1643.1	605.2	
2024.10	3907.3	2312.0	1595.3	716.6	
2024.11	3995.0	2366.5	1628.5	738.0	
2024.12	4317.1	2558.1	1759.0	799.1	

注1：外商直接投资为累计值。

Note 1: Monthly data for foreign direct investment are grand totals.

注2：进出口、贸易差额和外商直接投资数据以SDR为计值单位。具体方法为：以商务部和海关总署发布的美元计值的月度外商直接投资和进出口、贸易差额发生额数据为基础，根据国际货币基金组织每个工作日公布的SDR对美元汇率计算月均汇率，折算以SDR计值的月度数据。季度和年度数据均由SDR计值月度数据累计相加获得。

Note 2: Data for import, export, trade balance and foreign direct investment are measured in SDR. The method is to convert the monthly data for foreign direct investment, imports, exports and trade balance measured by US dollar, which are published by the Ministry of Commerce and the General Administration of Customs of China, to monthly data measured in SDR. The monthly SDR value is averaged by the daily SDR value against US dollar published by IMF. Quarterly and annual data are aggregated from the converted monthly data.

2.1 ■ 主要金融指标
Major Financial Indicators

单位：亿元
Unit:100 Million Yuan

时间 Time	社会融资规模增量 Aggregate Financing to the Real Economy(AFRE, Flow)	M2	M1	M0	金融机构人民币各项存款 Total Deposits by All Financial Institutions	住户存款 Deposits of Households	金融机构人民币各项贷款 Total Loans by All Financial Institutions
2017	261536	1676769	543790	70646	1641044	643768	1201321
2018	224920	1826744	551686	73208	1775226	716038	1362967
2019	256735	1986489	576009	77189	1928785	813017	1531123
2020	347917	2186796	625581	84315	2125721	925986	1727452
2021	313407	2382900	647443	90825	2322500	1025012	1926903
2022.01	61759	2431023	613859	106189	2360691	1079150	1966521
2022.02	73928	2441489	621612	97228	2386080	1076227	1978857
2022.03	120493	2497688	645064	95142	2430956	1103202	2010111
2022.04	129820	2499711	636139	95626	2431865	1096170	2016564
2022.05	158235	2527026	645108	95547	2462241	1103564	2035448
2022.06	210161	2581451	674375	96011	2510547	1128280	2063512
2022.07	217945	2578079	661832	96509	2510994	1124900	2070302
2022.08	242657	2595068	664605	97231	2523761	1133186	2082844
2022.09	278068	2626601	664535	98672	2550054	1157130	2107582
2022.10	287202	2612915	662141	98417	2548210	1152027	2113734
2022.11	307039	2647008	667043	99740	2577756	1174574	2125870
2022.12	320101	2664321	671675	104706	2584998	1203387	2139853
2023.01	59956	2738072	655214	114601	2653916	1265275	2197455
2023.02	91566	2755249	657939	107603	2681999	1273201	2215576
2023.03	145433	2814566	678060	105591	2739076	1302280	2254455
2023.04	157682	2808469	669762	105904	2734467	1290294	2261643
2023.05	173242	2820505	675253	104757	2749085	1295658	2275271
2023.06	215508	2873024	695595	105419	2786205	1322387	2305767
2023.07	220874	2854032	677219	106130	2774993	1314294	2309226
2023.08	252153	2869343	679588	106515	2787611	1322171	2322807
2023.09	293479	2896659	678444	109253	2810037	1347449	2345925
2023.10	311920	2882276	674696	108565	2816483	1341080	2353309
2023.11	336473	2912014	675903	110225	2841755	1350169	2364196
2023.12	355799	2922713	680543	113445	2842623	1369895	2375905
2024.01	64734	2976250	694198	121399	2897429	1395219	2425048
2024.02	79693	2995573	665916	121010	2906999	1427229	2439604
2024.03	128028	3047952	685809	117211	2955054	1455456	2470493
2024.04	127370	3011942	660066	117311	2915852	1437037	2477818
2024.05	147993	3018507	646842	117063	2932599	1441205	2487270
2024.06	180978	3050162	660611	117737	2957172	1462620	2508527
2024.07	188685	3033061	632297	118840	2949199	1459300	2511137
2024.08	219008	3050461	630238	119473	2971425	1466414	2520167
2024.09	256644	3094798	628237	121830	3008823	1488436	2536108
2024.10	270764	3097092	633357	122447	3014772	1482729	2541044
2024.11	294052	3119587	650904	124180	3036481	1490579	2546827
2024.12	322559	3135322	670959	128194	3022538	1512509	2556778

注1：社会融资规模增量是指一定时期内实体经济从金融体系获得的资金额。当期数据为初步数据。
Note 1: AFRE(flow) refers to the total volume of financing provided by the financial system to the real economy during a certain period of time. Statistics for the current period are preliminary.

注2：数据来源于中国人民银行、国家金融监督管理总局、中国证券监督管理委员会、中央国债登记结算有限责任公司和中国银行间市场交易商协会等。
Note 2: In the calculation of AFRE, data are from the PBC, NFRA, CSRC, CCDC and NAFMII.

注3：自2019年12月起，将"国债"和"地方政府一般债券"纳入社会融资规模统计，与原有"地方政府专项债券"合并为"政府债券"指标。指标数值为托管机构的托管面值。自2019年9月起，中国人民银行将"交易所企业资产支持证券"纳入"企业债券"指标。自2018年9月起，中国人民银行将"地方政府专项债券"纳入社会融资规模统计。自2018年7月起，中国人民银行将"存款类金融机构资产支持证券"和"贷款核销"纳入社会融资规模统计，在"其他融资"项下单独列示。可比口径数据追溯到2017年1月，详见中国人民银行官网社会融资规模数据表附注。
Note 3: Since December 2019, "Treasury Bonds" and "Local Government General Bonds" have been newly introduced into AFRE and have merged with "Local Government Special Bonds" into "Government Bonds" , which is recorded at face value at depositories. Since September 2019, the People's Bank of China has incorporated "Asset-backed Securities of Non-Financial Enterprises" into "Net Financing of Corporate Bonds". Since September 2018, the People's Bank of China has incorporated "Local Government Special Bonds" into AFRE. Since July 2018, the People's Bank of China has incorporated "Asset-backed Securities of Depository Financial Institutions" and "Loans Written off" into AFRE, which is reflected as a sub-item of "Other Financing". Data are comparably adjusted as of January, 2017. Please refer to the notes of the AFRE release on the website of PBC for details.

2.2 ■ 主要金融指标（消除季节因素）
Major Financial Indicators (Seasonally Adjusted)

单位：亿元
Unit:100 Million Yuan

时间 Time	M2	M1	M0	金融机构各项存款 Total Deposits by All Financial Institutions	储蓄存款 Savings Deposits	金融机构各项贷款 Total Loans by All Financial Institutions
2017	1688864	530623	70759	1661762	602648	1210909
2018	1836845	535700	73304	1790188	636585	1386643
2019	1995729	562439	77045	1632903	700878	1549227
2020	2197843	614973	85111	1808447	816451	1754025
2021	2398285	634630	91449	1936830	910484	1956866
2022.01	2417921	617929	88459	1970182	934621	1974309
2022.02	2437713	639062	93585	1980124	933758	1989090
2022.03	2463042	647075	93938	2009878	942795	2011110
2022.04	2496653	647724	95870	2022056	960044	2022774
2022.05	2523541	649737	97702	2039614	972627	2042171
2022.06	2550920	657645	98859	2056431	981577	2062339
2022.07	2580502	661884	100095	2079612	999425	2078777
2022.08	2604087	660583	101323	2096325	1013966	2096557
2022.09	2624337	665385	100967	2121380	1025254	2118780
2022.10	2641738	660893	102859	2127499	1043007	2131336
2022.11	2666946	659497	104016	2152906	1065609	2149867
2022.12	2685102	659904	105218	2173169	1081260	2169685
2023.01	2732616	665608	102537	2212950	1101226	2230344
2023.02	2756839	675242	98817	2268778	1111997	2257795
2023.03	2781612	678634	102779	2265049	1129749	2276855
2023.04	2802850	680780	106295	2275959	1141711	2293650
2023.05	2818179	678166	107556	2289723	1154938	2312053
2023.06	2839430	677149	108206	2304543	1161838	2334642
2023.07	2855420	676743	109690	2309566	1175558	2347891
2023.08	2876008	675901	110123	2334782	1188141	2370387
2023.09	2893808	676489	111937	2350786	1201666	2391625
2023.10	2920481	674941	112794	2370187	1214627	2413576
2023.11	2940709	672816	113921	2383226	1221772	2434242
2023.12	2950471	672516	114787	2390065	1231500	2442395
2024.01	2965093	693520	106815	2414728	1235629	2456346
2024.02	2992036	683626	113400	2423261	1247849	2472761
2024.03	3009014	683223	116610	2427780	1262731	2487766
2024.04	3006361	668676	118556	2402829	1274004	2504292
2024.05	3017863	655418	119210	2407765	1280409	2517816
2024.06	3013830	646893	120880	2394361	1286115	2527455
2024.07	3028457	634096	122826	2414613	1306227	2549072
2024.08	3058998	630605	123125	2433090	1318207	2567566
2024.09	3090956	630726	124050	2449600	1326742	2578599
2024.10	3131696	636012	126541	2468001	1344215	2599512
2024.11	3150545	646308	127586	2480938	1355800	2611090
2024.12	3172110	658599	128165	2510383	1361234	2623374

2.3 1 社会融资规模增量统计表
Aggregate Financing to the Real Economy (Flow)

单位：亿元
Unit: 100 Million Yuan

时间 Time	社会融资 规模增量 AFRE (Flow)	其中 of Which									
		人民币 贷款 RMB Loans	外币贷款 (折合人民币) Foreign Currency- denominated Loans (RMB equivalent)	委托贷款 Entrusted Loans	信托贷款 Trust Loans	未贴现的银行 承兑汇票 Undiscounted Bankers' Acceptances	企业债券 Net Financing of Corporate Bonds	政府债券 Government Bonds	非金融企业 境内股票融资 Equity Financing on the Domestic Stock Market by Non- financial Enterprises	存款类金融机构资产 支持证券 Asset-backed Securities of Depository Financial Institutions	贷款核销 Loans Written off
2014.01	25902	13176	1500	3971	1059	4902	375	—	454	—	—
2014.02	8924	6434	1128	540	747	-1419	1026	—	169	—	—
2014.03	20194	10202	1201	2130	1071	2252	2464	—	352	—	—
2014.04	14992	7734	69	1365	398	789	3664	—	582	—	—
2014.05	13583	8791	-342	1655	125	-94	2797	—	162	—	—
2014.06	18957	10780	131	2139	1200	1445	2626	—	154	—	—
2014.07	1861	3754	-511	783	-158	-4157	1435	—	332	—	—
2014.08	9547	7003	-109	1651	-515	-1116	1934	—	217	—	—
2014.09	10883	8573	-684	1314	-326	-1410	2338	—	612	—	—
2014.10	6537	5521	-689	1043	-215	-2411	2590	—	279	—	—
2014.11	11270	8543	-281	1319	-314	-668	1807	—	379	—	—
2014.12	15674	6940	-179	3831	2102	688	836	—	658	—	—
2015.01	20516	14708	212	832	52	1946	1868	—	526	—	—
2015.02	13609	11437	-146	1299	38	-592	716	—	542	—	—
2015.03	12433	9920	-4	1111	-77	-910	1344	—	639	—	—
2015.04	10582	8045	-265	344	-46	-74	1616	—	597	—	—
2015.05	12397	8510	81	324	-195	961	1710	—	584	—	—
2015.06	18384	13240	560	1414	536	-1028	2132	—	1051	—	—
2015.07	7511	5890	-133	1137	99	-3317	2832	—	615	—	—
2015.08	11097	7756	-620	1198	317	-1577	3121	—	479	—	—
2015.09	13571	10417	-2344	2422	-159	-1279	3805	—	349	—	—
2015.10	5593	5574	-1317	1390	-201	-3697	3331	—	121	—	—
2015.11	10255	8873	-1142	910	-301	-2545	3378	—	568	—	—
2015.12	18114	8323	-1308	3530	370	1546	3535	—	1518	—	—
2016.01	34758	25370	-1727	2175	552	1327	5083	—	1469	—	—
2016.02	8312	8105	-569	1650	308	-3705	1386	—	810	—	—
2016.03	23931	13176	6	1660	732	173	7081	—	562	—	—
2016.04	7809	5642	-706	1694	269	-2776	2366	—	951	—	—
2016.05	6720	9374	-524	1566	121	-5067	-300	—	1073	—	—
2016.06	16464	13141	-267	1721	809	-2720	1993	—	1158	—	—
2016.07	4791	4550	-401	1775	210	-5118	2208	—	1135	—	—
2016.08	14605	7969	70	1432	736	-376	3236	—	1075	—	—
2016.09	17085	12628	-487	1451	1057	-2230	2842	—	1368	—	—
2016.10	8825	6010	-335	725	530	-1801	2152	—	1125	—	—
2016.11	18303	8463	-310	1994	1625	1171	3834	—	861	—	—
2016.12	16397	9943	-389	4011	1643	1606	-2016	—	828	—	—
2017.01	37720	23133	126	3142	3128	6130	-510	665	1225	-129	253
2017.02	11055	10317	368	1181	1026	-1719	-899	-191	570	-10	149
2017.03	25472	11586	288	2043	3020	2390	264	3230	800	164	846
2017.04	19559	10806	-283	-48	1381	345	628	5939	769	-505	210
2017.05	17812	11780	-99	-274	1791	-1245	-2365	6505	458	294	277
2017.06	25886	14474	73	-26	2485	-230	-5	6571	487	113	1309
2017.07	21188	9152	-213	187	1245	-2037	2642	9472	536	-505	205
2017.08	20486	11466	-332	-70	1218	242	1525	4420	653	446	250
2017.09	25439	11885	-232	783	2362	784	1669	5486	519	324	1276
2017.10	15861	6635	-44	108	1013	12	1628	4968	601	61	271
2017.11	22956	11428	198	306	1400	15	979	5979	1324	248	481
2017.12	18103	5769	169	661	2163	676	688	2759	817	1476	2059

2.3 1 社会融资规模增量统计表
Aggregate Financing to the Real Economy (Flow)

单位：亿元
Unit: 100 Million Yuan

时间 Time	社会融资规模增量 AFRE (Flow)	其中 of Which 人民币贷款 RMB Loans	外币贷款(折合人民币) Foreign Currency-denominated Loans (RMB equivalent)	委托贷款 Entrusted Loans	信托贷款 Trust Loans	未贴现的银行承兑汇票 Undiscounted Bankers' Acceptances	企业债券 Net Financing of Corporate Bonds	政府债券 Government Bonds	非金融企业境内股票融资 Equity Financing on the Domestic Stock Market by Non-financial Enterprises	存款类金融机构资产支持证券 Asset-backed Securities of Depository Financial Institutions	贷款核销 Loans Written off
2018.01	31417	26850	266	-709	397	1437	1894	5	500	-137	320
2018.02	12064	10199	86	-750	674	106	734	175	379	-146	261
2018.03	17091	11425	139	-1850	-343	-323	3611	1816	404	387	1234
2018.04	22243	10987	-26	-1481	-101	1454	4042	5303	533	821	259
2018.05	11234	11396	-228	-1570	-936	-1741	-351	2728	438	377	479
2018.06	20373	16787	-364	-1642	-1576	-3649	1308	6509	258	272	1737
2018.07	18382	12861	-773	-950	-1205	-2744	2189	7998	175	123	176
2018.08	24078	13140	-344	-1207	-685	-779	3541	8651	141	501	377
2018.09	23061	14341	-670	-1432	-890	-548	15	9108	272	895	1615
2018.10	9538	7141	-800	-949	-1366	-453	1523	3032	176	188	446
2018.11	16127	12302	-787	-1310	-455	-127	3918	-247	200	1157	729
2018.12	19311	9281	-702	-2210	-488	1023	3895	3452	130	1503	2522
2019.01	46791	35668	343	-699	345	3787	4829	1700	289	-466	249
2019.02	9665	7641	-105	-508	-37	-3103	875	4347	119	-14	201
2019.03	29602	19584	3	-1070	528	1365	3546	3412	122	261	1227
2019.04	16710	8733	-330	-1197	129	-357	3949	4433	262	243	316
2019.05	17124	11855	191	-631	-52	-768	1033	3857	259	383	392
2019.06	26243	16737	-4	-827	15	-1311	1439	6867	153	607	1806
2019.07	12872	8086	-221	-987	-676	-4562	2944	6427	593	286	244
2019.08	21956	13045	-247	-513	-658	157	3384	5059	256	269	351
2019.09	25142	17612	-440	-22	-672	-431	2431	3777	289	284	1692
2019.10	8680	5470	-10	-667	-624	-1053	2032	1871	180	623	416
2019.11	19937	13633	-249	-959	-673	570	3330	1716	524	693	639
2019.12	22013	10770	-205	-1316	-1092	951	3593	3738	432	865	3018
2020.01	50535	34924	513	-26	432	1403	3967	7613	609	478	166
2020.02	8737	7202	252	-356	-540	-3961	3894	1824	449	-549	263
2020.03	51838	30390	1145	-588	-21	2818	9931	6344	198	-161	1117
2020.04	31027	16239	910	-579	23	577	9237	3357	315	-202	460
2020.05	31866	15502	457	-273	-337	836	2879	11362	353	-88	413
2020.06	34681	19029	204	-484	-852	2190	3686	7450	538	-15	2044
2020.07	16928	10221	-524	-152	-1367	-1130	2358	5459	1215	-742	748
2020.08	35853	14201	397	-415	-316	1441	3659	13788	1282	308	643
2020.09	34693	19171	-302	-317	-1159	1503	1316	10116	1141	440	1790
2020.10	13929	6663	-175	-174	-875	-1089	2263	4931	927	194	539
2020.11	21355	15309	-447	-31	-1387	-625	840	4000	771	1270	673
2020.12	16476	11458	-981	-559	-4620	-2216	-281	6973	1126	1177	3366
2021.01	51884	38182	1098	91	-842	4902	3917	2437	991	-28	280
2021.02	17243	13413	464	-100	-936	639	1356	1017	693	-177	370
2021.03	33762	27511	282	-42	-1791	-2296	3807	3131	783	477	1080
2021.04	18570	12840	-272	-213	-1328	-2152	3624	3739	814	174	456
2021.05	19522	14294	7	-408	-1295	-926	-1077	6701	717	247	378
2021.06	37017	23182	701	-474	-1046	-221	3927	7508	956	-23	1779
2021.07	10752	8391	-78	-151	-1571	-2316	3091	1820	938	-19	269
2021.08	29893	12713	347	177	-1362	127	4649	9738	1478	268	526
2021.09	29026	17755	-19	-22	-2098	14	1137	8066	772	642	1505
2021.10	16176	7752	-33	-173	-1061	-886	2261	6167	846	-139	348
2021.11	25983	13021	-134	35	-2190	-383	4006	8158	1294	742	582
2021.12	23580	10350	-649	-416	-4553	-1419	2167	11674	1851	618	2726

2.3 ❶ 社会融资规模增量统计表
Aggregate Financing to the Real Economy (Flow)

单位：亿元
Unit: 100 Million Yuan

时间 Time	社会融资 规模增量 AFRE (Flow)	其中 of Which									
		人民币 贷款 RMB Loans	外币贷款 (折合人民币) Foreign Currency- denominated Loans (RMB equivalent)	委托贷款 Entrusted Loans	信托贷款 Trust Loans	未贴现的银行 承兑汇票 Undiscounted Bankers' Acceptances	企业债券 净融资 Net Financing of Corporate Bonds	政府债券 Government Bonds	非金融企业 境内股票融资 Equity Financing on the Domestic Stock Market by Non- financial Enterprises	存款类金融机构资产 支持证券 Asset-backed Securities of Depository Financial Institutions	贷款核销 Loans Written off
2022.01	61759	41988	1031	428	-680	4733	5838	6026	1439	-215	204
2022.02	12170	9084	480	-74	-751	-4228	3610	2722	585	-53	257
2022.03	46565	32291	239	107	-259	287	3750	7074	958	-102	1584
2022.04	9327	3616	-760	-2	-615	-2557	3652	3912	1166	-216	484
2022.05	28415	18230	-240	-132	-619	-1068	366	10582	292	-191	487
2022.06	51926	30540	-291	-380	-828	1066	2346	16216	589	-23	1760
2022.07	7785	4088	-1137	89	-398	-2744	960	3998	1437	-357	1021
2022.08	24712	13344	-826	1755	-472	3486	1512	3045	1251	4	625
2022.09	35411	25686	-713	1508	-191	132	345	5533	1022	-192	1512
2022.10	9134	4431	-724	470	-61	-2156	2413	2791	788	-132	326
2022.11	19837	11448	-648	-88	-365	191	604	6520	788	-233	625
2022.12	13063	14401	-1665	-101	-764	-554	-4887	2809	1443	-152	1384
2023.01	59956	49314	-131	584	-62	2963	1638	4140	964	-333	312
2023.02	31610	18184	310	-77	66	-69	3662	8138	571	-279	367
2023.03	53867	39487	427	175	-45	1792	3357	6015	614	-150	1235
2023.04	12249	4431	-319	83	119	-1345	2940	4548	993	-376	448
2023.05	15560	12219	-338	35	303	-1795	-2144	5571	753	-349	516
2023.06	42265	32413	-191	-56	-154	-691	2249	5371	700	-26	1776
2023.07	5366	364	-339	8	230	-1963	1290	4109	786	-296	402
2023.08	31279	13412	-201	97	-221	1129	2788	11759	1036	-135	596
2023.09	41326	25369	-583	208	402	2397	650	9920	326	-172	1799
2023.10	18441	4837	152	-429	393	-2536	1178	15638	321	-2530	427
2023.11	24554	11120	-357	-386	197	202	1388	11512	359	-1355	742
2023.12	19326	11092	-635	-43	347	-1865	-2741	9324	508	-278	2347
2024.01	64734	48401	989	-359	732	5636	4320	2947	422	-203	474
2024.02	14959	9773	-9	-172	571	-3686	1423	6011	114	-210	488
2024.03	48335	32920	543	-465	681	3552	4237	4626	227	-588	1587
2024.04	-658	3349	-310	89	142	-4490	1707	-937	186	-1967	520
2024.05	20623	8197	-487	-9	224	-1331	285	12266	111	-426	734
2024.06	32985	21927	-807	-3	748	-2045	2100	8476	154	-695	2092
2024.07	7707	-808	-890	345	-26	-1075	2036	6881	231	-490	448
2024.08	30323	10411	-612	25	484	651	1703	16177	132	-466	758
2024.09	37635	19742	-480	392	6	1312	-1926	15357	128	-163	2154
2024.10	14120	2965	-710	-219	172	-1396	987	10495	284	-200	577
2024.11	23288	5216	-468	-183	91	910	2381	13089	428	-112	824
2024.12	28507	8402	-675	-20	151	-1332	-159	17566	484	-117	2637

注1：社会融资规模增量是指一定时期内实体经济从金融体系获得的资金额。当期数据为初步数据。
Note 1: AFRE(flow) refers to the total volume of financing provided by the financial system to the real economy during a certain period of time. Statistics for the current period are preliminary.

注2：数据来源于中国人民银行、国家金融监督管理总局、中国证券监督管理委员会、中央国债登记结算有限责任公司和中国银行间市场交易商协会等。
Note 2: In the calculation of AFRE, data are from the PBC, NFRA, CSRC, CCDC and NAFMII.

注3：自2019年12月起，将"国债"和"地方政府一般债券"纳入社会融资规模统计，与原有"地方政府专项债券"合并为"政府债券"指标。指标数值为托管机构的托管面值。自2019年9月起，中国人民银行将"交易所企业资产支持证券"纳入"企业债券"指标。自2018年9月起，中国人民银行将"地方政府专项债券"纳入社会融资规模统计。自2018年7月起，中国人民银行将"存款类金融机构资产支持证券"和"贷款核销"纳入社会融资规模统计，在"其他融资"项下单独列示。可比口径数据追溯到2017年1月，详见中国人民银行官网社会融资规模数据表附注。
Note 3: Since December 2019, "Treasury Bonds" and "Local Government General Bonds" have been newly introduced into AFRE and have merged with "Local Government Special Bonds" into "Government Bonds" ,which is recorded at face value at depositories. Since September 2019, the People's Bank of China have incorporated "Asset-backed Securities of Non-Financial Enterprises" into "Net Financing of Corporate Bonds". Since September 2018, the People's Bank of China have incorporated "Local Government Special Bonds" into AFRE. Since July 2018, the People's Bank of China have incorporated "Asset-backed Securities of Depository Financial Institutions" and "Loans Written off" into AFRE, which is reflected as a sub-item of "Other Financing". Data are comparably adjusted as of January, 2017.Please refer to the notes of the AFRE release on the website of PBC for details.

注4：自2023年1月起，中国人民银行将消费金融公司、理财公司和金融资产投资公司三类银行业非存款类金融机构纳入金融统计范围。由此，对社会融资规模中"对实体经济发放的人民币贷款"和"贷款核销"数据进行调整。2023年1月末，上述三类机构对实体经济发放的人民币贷款余额为8410亿元，当月增加57亿元；贷款核销余额为1706亿元，当月增加30亿元。2023年1月以来数据为可比口径计算。
Note 4: As of January 2023, three kinds of non-depository financial institutions, i.e., the Consumer Finance Companies, the Wealth Management Companies and the Financial Asset Investment Companies have been included in the coverage of financial statistics of the People's Bank of China. Thereby, the item "RMB Loans to Real Economy" and "Loans Written-off" in AFRE have been adjusted accordingly. At the end of January, 2023, the balance of RMB loans to real economy by the three institutions amounted to 841 billion yuan, increased by 5.7 billion yuan compared with the end of last month. The balance of loans written-off reached 170.6 billion yuan, increased by 3 billion yuan compared with the end of last month.The data are calculated on a comparative basis as of January, 2023.

2.3 2 2024 年地区社会融资规模增量统计表
Aggregate Financing to the Real Economy(flow) by Province(2024)

单位：亿元
Unit:100 Million Yuan

地区 Province	地区社会融资规模增量 Aggregate Financing to the Real Economy(Flow) by Province	其中 of Which							
		人民币贷款 RMB Loans	外币贷款(折合人民币) Foreign Currency-denominated Loans (RMB equivalent)	委托贷款 Entrusted Loans	信托贷款 Trust Loans	未贴现银行承兑汇票 Undiscounted Bankers' Acceptances	企业债券 Net Financing of Corporate Bonds	政府债券 Government Bonds	非金融企业境内股票融资 Equity Financing on the Domestic Stock Market by Non-financial Enterprises
北京 Beijing	10584	5349	-201	-146	206	2574	5248	1204	358
天津 Tianjin	4920	1095	130	247	384	810	-501	2284	24
河北 Hebei	11592	6877	-25	14	152	601	520	2285	47
山西 Shanxi	5699	3767	-136	-94	200	242	74	1198	80
内蒙古 Inner Mongolia	3036	1688	0	35	-22	-35	61	1025	7
辽宁 Liaoning	-1399	-2854	-41	24	0	-219	-93	1163	22
吉林 Jilin	2727	1305	-9	-63	2	-153	177	1124	70
黑龙江 Heilongjiang	1829	1553	-1	-14	-229	-920	-23	1134	32
上海 Shanghai	10612	9011	-159	-630	804	-926	1097	259	178
江苏 Jiangsu	28852	24239	-647	621	-223	-3077	196	5496	297
浙江 Zhejiang	26418	20392	-166	37	-154	-1116	903	4396	352
安徽 Anhui	11827	8200	-10	-178	-216	33	346	2806	110
福建 Fujian	8483	3887	-4	14	560	-977	1425	2493	117
江西 Jiangxi	7838	4439	-75	-7	-382	51	734	2342	24
山东 Shandong	22921	12881	-409	189	153	995	2171	5293	103
河南 Henan	11609	5678	-76	329	493	-469	1023	3403	49
湖北 Hubei	11133	6035	-195	56	-190	766	673	2964	129
湖南 Hunan	8790	4830	-49	77	-2	54	-96	3023	68
广东 Guangdong	24121	12371	-1356	-146	159	1994	1980	5356	509
广西 Guangxi	6058	4220	-29	-121	0	-536	428	1521	50
海南 Hainan	1808	619	-7	13	0	34	122	869	6
重庆 Chongqing	7565	3622	-271	88	554	556	209	2170	19
四川 Sichuan	17031	12326	-533	-224	-104	-575	1226	3760	82
贵州 Guizhou	5587	3360	-2	-187	-123	-491	159	2411	23
云南 Yunnan	5086	2326	23	-39	64	3	398	1878	8
西藏 Tibet	986	1	0	-21	342	18	34	544	27
陕西 Shaanxi	6781	4255	17	62	-155	22	349	1723	67
甘肃 Gansu	3466	1529	-8	68	263	75	-12	1213	40
青海 Qinghai	86	281	0	-37	-354	-132	21	236	0
宁夏 Ningxia	713	403	-2	2	0	2	-31	246	0
新疆 Xinjiang	5421	2527	-6	-35	23	66	337	2129	2

注 1：地区社会融资规模增量是指一定时期内、一定区域内实体经济从金融体系获得的资金总额。当期数据为初步数据。
Note 1: "Aggregate Financing to the Real Economy(flow) by Province" refers to the total volume of financing provided by the financial system to the real economy during a certain period of time in each province. Statistics for the current period are preliminary.

注 2：数据来源于中国人民银行、国家金融监督管理总局、中国证券监督管理委员会、中央国债登记结算有限责任公司和中国银行间市场交易商协会等。
Note 2: Source of data: the PBC, NFRA, CSRC, CCDC and NAFMII.

注 3：由金融机构总行（或总部）提供的社会融资规模为 5.02 万亿元。
Note 3: AFRE provided by headquarters of financial institutions is 5.02 trillion Yuan.

注 4：自 2023 年 1 月起，中国人民银行将消费金融公司、理财公司和金融资产投资公司三类银行业非存款类金融机构纳入金融统计范围。由此，对社会融资规模中"对实体经济发放的人民币贷款"和"贷款核销"数据进行调整。2023 年 1 月末，上述三类机构对实体经济发放的人民币贷款余额为 8410 亿元，当月增加 57 亿元；贷款核销余额为 1706 亿元，当月增加 30 亿元。表内数据均按可比口径计算。
Note 4: As of January 2023, three kinds of non-depository financial institutions, i.e., the Consumer Finance Companies, the Wealth Management Companies and the Financial Asset Investment Companies have been included in the coverage of financial statistics of the People's Bank of China. Thereby, the item "RMB Loans to Real Economy" and "Loans Written-off" in AFRE have been adjusted accordingly. At the end of January, 2023, the balance of RMB loans to real economy by the three institutions amounted to 841 billion yuan, increased by 5.7 billion yuan compared with the end of last month. The balance of loans written-off reached 170.6 billion yuan, increased by 3 billion yuan compared with the end of last month.The data are calculated on a comparative basis.

2.4 社会融资规模存量统计表
Aggregate Financing to the Real Economy (Stock)

单位：亿元，%

Unit:100 Million Yuan，%

时间 Time	社会融资规模存量 AFRE (Stock)	社会融资规模存量同比增速 (Stock, Growth Rate)	其中 of Which									
			人民币贷款 RMB Loans	外币贷款 （折合人民币） Foreign Currency-denominated Loans (RMB equivalent)	委托贷款 Entrusted Loans	信托贷款 Trust Loans	未贴现的银行承兑汇票 Undiscounted Bankers' Acceptances	企业债券 Net Financing of Corporate Bonds	政府债券 Government Bonds	非金融企业境内股票融资 Equity Financing on the Domestic Stock Market by Non-financial Enterprises	存款类金融机构资产支持证券 Asset-backed Securities of Depository Financial Institutions	贷款核销 Loans Written off
2010	649869	27.0	19.9	15.9	44.2	34.4	135.5	42.3	—	30.9	—	—
2011	767791	18.3	16.1	13.1	21.2	13.5	25.6	36.2	—	17.7	—	—
2012	914675	19.1	15.0	27.2	17.1	75.0	21.0	44.4	—	8.6	—	—
2013	1075217	17.6	14.2	7.2	39.7	61.1	12.7	24.2	—	6.7	—	—
2014	1229386	14.3	13.6	4.1	29.2	10.8	-1.1	25.8	—	11.8	—	—
2015	1382824	12.5	13.9	-13.0	18.0	2.0	-14.8	25.1	—	20.2	—	—
2016	1559884	12.8	13.4	-12.9	19.8	15.8	-33.3	22.4	—	27.6	—	—
2017	2059098	14.1	13.2	-5.8	5.9	35.9	13.7	3.9	24.7	15.2	40.5	61.4
2018	2270356	10.3	13.2	-10.7	-11.5	-8.0	-14.3	9.8	17.2	5.4	86.7	50.9
2019	2514071	10.7	12.5	-4.6	-7.6	-4.4	-12.5	13.8	14.3	5.0	31.5	35.1
2020	2847526	13.3	13.2	-0.6	-3.4	-14.8	5.3	16.9	22.1	12.1	12.5	30.1
2021	3141163	10.3	11.6	6.3	-1.6	-31.3	-14.0	8.6	15.2	14.7	14.7	19.5
2022	3442180	9.6	10.9	-17.4	3.4	-14.0	-11.6	3.6	13.4	12.4	-8.6	16.3
2023	3780839	9.5	10.4	-10.2	0.2	4.2	-6.7	0.3	16.0	7.5	-31.6	14.6
2024.01	3843192	9.5	10.1	-0.9	-0.7	6.3	3.0	1.3	15.7	6.9	-31.5	14.8
2024.02	3857133	9.0	9.7	-5.3	-0.7	7.7	-9.3	0.7	15.1	6.4	-31.6	14.8
2024.03	3903165	8.7	9.2	-3.6	-1.3	9.6	-3.1	1.3	14.7	6.0	-34.1	15.1
2024.04	3899297	8.3	9.1	-4.2	-1.3	9.7	-13.8	0.9	13.7	5.2	-43.3	15.1
2024.05	3919290	8.4	8.9	-7.2	-1.3	9.4	-13.0	1.9	14.7	4.6	-44.6	15.2
2024.06	3950999	8.1	8.3	-12.2	-1.3	11.8	-18.2	2.2	15.0	4.1	-48.3	15.3
2024.07	3957162	8.2	8.3	-14.1	-1.0	11.1	-16.2	2.6	15.4	3.6	-50.1	15.3
2024.08	3985590	8.1	8.1	-17.4	-1.1	13.0	-17.3	2.6	15.8	2.7	-52.4	15.4
2024.09	4021888	8.0	7.8	-18.6	-0.9	11.8	-19.6	2.2	16.4	2.6	-52.8	15.5
2024.10	4034526	7.8	7.7	-21.9	-0.7	11.1	-17.2	2.2	15.2	2.5	-46.3	15.6
2024.11	4055972	7.8	7.4	-21.5	-0.5	10.8	-14.4	2.5	15.2	2.6	-41.9	15.5
2024.12	4083408	8.0	7.2	-22.3	-0.5	10.2	-13.3	3.8	16.2	2.5	-41.5	15.4

注1：社会融资规模存量是指一定时期末实体经济从金融体系获得的资金余额。存量数据基于账面值或面值计算。当期数据为初步数据。
Note 1: AFRE(Stock) refers to the outstanding of financing provided by the financial system to the real economy at the end of a period.Stock figures were based on book-value or face-value.Data for the current period is preliminary.

注2：数据来源于中国人民银行、国家金融监督管理总局、中国证券监督管理委员会、中央国债登记结算有限责任公司和中国银行间市场交易商协会等。
Note 2: In the calculation of AFRE, data are from the PBC, NFRA, CSRC, CCDC and NAFMII.

注3：自2019年12月起，中国人民银行将"国债"和"地方政府一般债券"纳入社会融资规模统计，与原有"地方政府专项债券"合并为"政府债券"指标。指标数值为托管机构的托管面值。自2019年9月起，中国人民银行将"交易所企业资产支持证券"纳入"企业债券"指标。自2018年9月起，中国人民银行将"地方政府专项债券"纳入社会融资规模统计。自2018年7月起，中国人民银行将"存款类金融机构资产支持证券"和"贷款核销"纳入社会融资规模统计，在"其他融资"项下单独列示。可比口径数据追溯到2017年1月，详见中国人民银行官网社会融资规模数据表附注。
Note 3: Since December 2019, "Treasury Bonds" and "Local Government General Bonds" have been newly introduced into AFRE and have merged with "Local Government Special Bonds" into "Government Bonds ",which is recorded at face value at depositories. Since September 2019, the People's Bank of China have incorporated "Asset-backed Securities of Non-financial Enterprises" into "Net Financing of Corporate Bonds". Since September 2018, the People's Bank of China have incorporated "Local Government Special Bonds" into AFRE. Since July 2018, the People's Bank of China have incorporated "Asset-backed Securities of Depository Financial Institutions" and "Loans Written off" into AFRE, which is reflected as a sub-item of "Other Financing". Data are comparably adjusted as of January, 2017.Please refer to the notes of the AFRE release on the website of PBC for details.

注4：自2023年1月起，中国人民银行将消费金融公司、理财公司和金融资产投资公司三类银行业非存款类金融机构纳入金融统计范围。由此，对社会融资规模中"对实体经济发放的人民币贷款"和"贷款核销"数据进行调整。2023年1月末，上述三类机构对实体经济发放的人民币贷款余额为8410亿元，当月增加57亿元；贷款核销余额为1706亿元，当月增加30亿元。2023年1月以来数据为可比口径计算。
Note 4: As of January 2023, three kinds of non-depository financial institutions, i.e., the Consumer Finance Companies, the Wealth Management Companies and the Financial Asset Investment Companies have been included in the coverage of financial statistics of the People's Bank of China. Thereby, the item "RMB Loans to Real Economy" and "Loans Written-off" in AFRE have been adjusted accordingly. At the end of January, 2023, the balance of RMB loans to real economy by the three institutions amounted to 841 billion yuan, increased by 5.7 billion yuan compared with the end of last month. The balance of loans written-off reached 170.6 billion yuan, increased by 3 billion yuan compared with the end of last month.The data are calculated on a comparative basis as of January, 2023.

2.5 1 金融机构信贷收支表（人民币）
Sources and Uses of Credit Funds of Financial Institutions (RMB)

单位：亿元
Unit:100 Million Yuan

时间 Time	资金来源总计 Total Funds Sources	各项存款 Total Deposits	非金融企业存款 Deposits of Non-financial Enterprises	财政存款 Fiscal Deposits	住户存款 Deposits of Households	活期及临时性存款 Demand & Temporary Deposits	定期及其他存款 * Time & Other Deposits*	其他类存款 ** Other Deposits**	金融债券 Financial Bonds	流通中现金 Currency in Circulation	对国际金融机构负债 Liabilities to International Financial Institutions	其他 Other Items
2008	538405.6	466203.3	157632.2	18040.0	217885.4	78585.2	139300.2	72645.7	20852.5	34219.0	732.6	16398.2
2009	681874.8	597741.1	217110.0	22411.5	260771.7	100541.3	160230.4	97447.8	16203.4	38246.0	761.7	28922.6
2010	805879.1	718237.9	244495.6	25455.0	303302.5	124888.6	178413.9	144984.8	13526.9	44628.2	720.1	28766.0
2011.03	828977.4	752838.4	281727.1	29981.6	327629.2	130028.6	197600.5	113500.5	6042.6	44845.2	774.2	24477.0
2011.06	851311.8	786432.6	294263.3	36271.4	333678.6	132640.3	201038.2	122219.3	7597.4	44477.8	795.1	12008.9
2011.09	878645.1	794100.4	290918.5	38160.1	337212.3	130681.8	206530.5	127809.5	7393.6	47145.3	797.3	29208.5
2011.12	900401.6	809368.3	303504.3	26223.1	348045.6	137576.2	210469.4	131595.4	10638.8	50748.5	776.5	29469.5
2012.03	931667.6	846931.7	299252.9	26886.6	380498.1	145083.5	235414.6	140294.1	9016.7	49595.7	765.5	25358.0
2012.06	958431.0	883068.7	311166.7	31522.0	391186.0	148865.3	242320.7	149194.0	7220.7	49284.6	780.4	18076.6
2012.09	983508.1	899647.1	313959.7	32503.8	398069.7	150832.9	247236.8	155113.9	7695.3	53433.5	793.6	21938.6
2012.12	1002434.4	917554.8	327393.7	24426.4	406191.6	158271.8	247919.8	159543.1	8487.6	54659.8	827.7	20904.5
2013.03	1046828	979301	342606	25316	443408	173557	269851	167971	5508	55461	794	5764
2013.06	1076338	1009122	349741	33953	447772	169140	278632	177656	4375	54064	806	7971
2013.09	1105735	1030892	350387	38965	456348	171759	284589	185192	5728	56493	846	11772
2013.12	1132914	1043847	361555	30133	461370	178050	283320	190789	6681	58574	854	22958
2014.03	1221581	1091022	531168	31063	494023	189049	304974	204142	9349	58329	880	12465
2014.06	1204845	1136075	383718	36674	501628	187221	314407	214055	10049	56951	894	876
2014.09	1229317	1126570	369510	41305	497860	179302	318558	217895	10570	58845	880	32452
2014.12	1258000	1138645	378334	35665	502504	182705	319799	222142	9843	60260	867	48385

注1：对金融机构信贷收支表的说明详见第 94 页。

Note 1: Notes to the sheet of the Sources and Uses of Credit Funds of Financial Institutions can be read on page 94.

注2：自 2011 年一季度起，部分指标名称和统计口径变动。以前年度数据未作调整。（1）"企业定活期存款"更名为"非金融企业存款"。
（2）"储蓄存款"更名为"住户存款"。（3）"活期储蓄"更名为"活期及临时性存款"。（4）"定期储蓄"更名为"定期及其他存款"。

Note 2: As of 2011 Q1, changes have taken place in the name and statistical coverage for certain indicators. Historical data for previous periods are not adjusted accordingly. (1) "Demand & Time Deposits of Enterprises" is renamed as "Deposits of Non-financial Enterprises". (2) "Savings Deposits" is renamed as "Deposits of Households". (3) "Demand Deposits" under the category of saving deposits is renamed as "Demand & Temporary Deposits". (4) "Time Deposits" under the category of savings deposits is renamed as "Time & Other Deposits".

* 定期及其他存款包括定期存款、通知存款、定活两便存款、协议存款、协定存款、保证金存款、结构性存款。

* Time & other deposits cover the components of time deposits, notice deposits, savings & time optional deposits, agreed-term deposits, corporate agreement savings deposits, margin deposits and structure deposits.

** 其他类存款包括各项存款中除非金融企业存款、财政存款、住户存款之外的所有存款。

** Other deposits cover all the other deposits under total deposits excluding deposits of non-financial enterprises, fiscal deposits and deposits of households.

2.5 2 金融机构信贷收支表（人民币）
Sources and Uses of Credit Funds of Financial Institutions (RMB)

单位：亿元
Unit:100 Million Yuan

时间 Time	资金运用总计 Total Funds Uses	各项贷款 Total Loans	境内短期贷款 Domestic Short-term Loans	境内中长期贷款 Domestic Medium- and Long-term Loans	其他类贷款* Other Loans*	有价证券及投资 Portfolio Investment	黄金占款** Position for Gold Purchase**	外汇占款 Position for Foreign Exchange Purchase	国际金融机构资产 Assets with International Financial Institutions
2008	538405.6	303394.6	125181.7	154999.8	23213.2	65301.9	337.2	168431.1	940.7
2009	681874.8	399684.8	146611.3	222418.8	30654.7	86643.2	669.8	193112.5	1764.5
2010	805879.1	479195.6	166233.4	288930.4	24031.8	98526.1	669.8	225795.1	1692.5
2011.03	828977.4	494740.7	174954.9	302720.9	17064.9	94682.7	669.8	237036.0	1848.2
2011.06	851311.8	514025.4	184264.6	311026.9	18733.9	88091.4	669.8	246680.6	1844.6
2011.09	878645.1	529118.3	191783.3	316972.4	20362.6	91968.6	669.8	255118.2	1770.2
2011.12	900401.6	547946.7	203132.6	323806.5	21007.6	96479.4	669.8	253587.0	1718.7
2012.03	931667.6	572474.8	215703.9	332492.4	24278.5	100323.2	669.8	256493.9	1705.9
2012.06	958431.0	596422.6	226373.8	339859.8	30189.0	103046.9	669.8	256613.4	1678.4
2012.09	983508.1	615089.5	235942.5	347726.9	31420.1	108368.1	669.8	257707.6	1673.1
2012.12	1002434.4	629909.6	248272.8	352907.4	28729.4	111680.9	669.8	258533.5	1640.6
2013.03	1046828	657592	259872	367239	30481	116271	670	270687	1608
2013.06	1076338	680837	269169	378833	32835	119373	670	273887	1571
2013.09	1105753	702832	280495	391820	30517	125480	670	275179	1592
2013.12	1132914	718961	290238	398862	29861	125399	670	286304	1580
2014.03	1172045	749090	302593	416371	30126	126834	670	293852	1599
2014.06	1204845	776337	310624	431646	34067	131723	670	294513	1602
2014.09	1229317	795786	311674	444289	39823	136712	670	294592	1557
2014.12	1258000	816770	314796	459482	42492	144954	670	294090	1516

* 其他类贷款包括各项贷款中除境内短期贷款和境内中长期贷款之外的所有贷款。

* Other loans include all the loans except domestic short-term loans, domestic medium- and long-term loans.

** 自 2009 年 6 月起，本表"金银占款"更名为"黄金占款"。

** "Position for Gold and Silver Purchase" has been renamed as "Position for Gold Purchase" since June 2009.

2.5 3 金融机构信贷收支表（人民币）
Sources and Uses of Credit Funds of Financial Institutions (RMB)

单位：亿元
Unit:100 Million Yuan

时间 Time	资金来源合计 Total Funds Sources	各项存款 Total Deposits	境内存款 Domestic Deposits	住户存款 Deposits of Households	活期存款 Demand Deposits	定期及其他存款 Time & Other Deposits	非金融企业存款 Deposits of Non-financial Enterprises	活期存款 Demand Deposits	定期及其他存款 Time & Other Deposits	政府存款 Deposits of Government	非银行业金融机构 Deposits of Non-banking Financial Institutions	境外存款 Overseas Deposits	金融债券 Financial Bonds	流通中货币 Currency in Circulation	其他 Other Items
2017	1931934	1641044	1630577	643768	248239	395529	542405	237888	304517	304853	139552	10467	48000	70646	172245
2018	2109164	1775226	1764398	716038	267215	448824	562976	236190	326786	325585	159798	10828	65433	73208	195297
2019	2317003	1928785	1917482	813017	294712	518305	595365	242504	352861	337671	171429	11304	82924	77189	228104
2020.03	2414753	2009933	1996413	877723	307747	569976	613040	235863	377178	336899	168750	13520	86990	83022	234809
2020.06	2483853	2074780	2062018	896318	310920	585398	647213	245030	402183	353470	165017	12763	90553	79459	239061
2020.09	2537816	2110774	2098143	912537	316730	595807	649315	238178	411138	359062	177228	12632	99393	82371	245278
2020.12	2574701	2125721	2112783	925986	326763	599223	660180	253616	406564	343509	183108	12938	106117	84315	258549
2021.03	2665192	2209233	2195743	992778	337787	654991	661693	242635	419057	346085	195188	13490	108401	86544	261014
2021.06	2722896	2266173	2251826	1000474	336356	664119	681665	250928	430736	364385	205302	14347	110923	84347	261453
2021.09	2779704	2291808	2277479	1010914	335834	675080	679289	241672	437617	372056	215220	14329	117573	86867	283455
2021.12	2831289	2322500	2307172	1025012	342904	682108	696695	255117	441578	361919	223546	15329	122954	90825	295010
2022.03	2935093	2430956	2416660	1103202	351188	752014	709618	249725	459892	373719	230122	14296	124208	95142	284787
2022.06	3016585	2510547	2494873	1128280	355958	772322	748704	261328	487376	383998	233891	15674	124627	96011	285400
2022.09	3072110	2550054	2532295	1157130	361207	795923	755441	254772	500669	384958	234766	17759	133344	98672	290040
2022.12	3121815	2584998	2568007	1203387	383900	819487	746574	254651	491923	379827	238219	16991	126587	104706	305523
2023.03	3272245	2739076	2721315	1302280	386220	916060	777323	257099	520224	394867	246845	17761	124854	105591	302724
2023.06	3337388	2786205	2768381	1322387	384261	938125	795171	259403	535768	401126	249698	17823	133072	105419	312692
2023.09	3396875	2810037	2790453	1347449	383736	963714	790706	245137	545569	412483	239816	19584	132843	109253	344741
2023.12	3450554	2842623	2824093	1369895	390266	979629	787756	248676	539080	411198	255244	18531	138622	113445	355863
2024.03	3566166	2955054	2935013	1455456	403890	1051566	788818	246652	542166	419216	271522	20042	139913	117211	353988
2024.06	3619927	2957172	2936855	1462620	400812	1061808	772130	215537	556593	424062	278044	20317	149223	117737	395795
2024.09	3676631	3008823	2990829	1488436	398742	1089694	765460	195410	570051	436049	300884	17994	152135	121830	393843
2024.12	3733523	3022538	3004002	1512509	413658	1098851	783649	211303	572346	425978	281865	18536	151630	128194	431161

注 1：本表机构包括中国人民银行、银行业存款类金融机构、银行业非存款类金融机构。
Note 1: Financial institutions in this table include the PBC, banking depository financial institutions and banking non-depository financial institutions.

注 2：银行业存款类金融机构包括银行、信用社和财务公司。银行业非存款类金融机构包括信托投资公司、金融租赁公司、汽车金融公司和贷款公司等。
Note 2: Banking depository financial institutions include banks, credit cooperatives and finance companies. Banking non-depository financial institutions include financial trust and investment corporations, financial leasing companies, auto-financing companies, as well as loan companies.

注 3：自 2015 年起，各项存款含非银行业金融机构存放款项，各项贷款含拆放给非银行业金融机构款项。
Note 3: Since 2015, deposits of non-banking financial institutions have been covered in total deposits and loans to non-banking financial institutions are covered in total loans.

注 4：自 2017 年起，对国际金融组织相关本币账户以净头寸反映。
Note 4: Since 2017, RMB accounts with international financial organiztions have been calculated on a net basis.

注 5：2021 年 8 月，由于 IMF 进行 SDR 分配，我国 SDR 持有量增加，按 8 月末 SDR 兑人民币汇率折合人民币 2679 亿元，计入 8 月末"在国际金融机构资产"科目。
Note 5: The increase of SDR holdings was due to the general SDR allocation conducted by the IMF in August 2021, which amounts to 267.9 billion yuan based on the latest SDR exchange rate. The increased amount is recorded in the " Assets with International Financial Institutions" account.

注 6：自 2022 年 12 月起，"流通中货币"含流通中数字人民币。12 月末，流通中数字人民币余额为 136.1 亿元。
Note 6: Since December 2022, "e-CNY in Circulation" has been covered in Currency in Circulation.The amount of e-CNY in Circulation at end December 2022 is RMB 13.61 billion yuan.

2.5 4 金融机构信贷收支表（人民币）
Sources and Uses of Credit Funds of Financial Institutions (RMB)

单位：亿元
Unit:100 Million Yuan

时间 Time	资金运用总计 Total Funds Uses	各项贷款 Total Loans	境内贷款 Domestic Loans	住户贷款 Loans to Households	企（事）业单位贷款 Loans to Non-financial Enterprises and Government Departments & Organizations	非银行业金融机构贷款 Loans to Non-banking Financial Institutions	境外贷款 Overseas Loans	债券投资 Portfolio Investments	股权及其他投资 Shares and Other Investments	黄金占款 Position for Bullion Purchase	中央银行外汇占款 Foreign Exchange	其他资产 Other Assets
2017	1931934	1201321	1196900	405045	785496	6359	4421	294382	217589	2541	214788	1313
2018	2109164	1362967	1357891	478843	868289	10760	5075	333467	196190	2570	212557	1414
2019	2317003	1531123	1525755	553191	962737	9827	5368	385520	183730	2856	212317	1457
2020.03	2414753	1602089	1596506	565264	1023144	8098	5583	399723	196563	2856	212079	1443
2020.06	2483853	1651999	1646223	588751	1050420	7052	5776	421066	194653	2856	211742	1538
2020.09	2537816	1693665	1687886	614431	1068347	5107	5780	441305	186862	2856	211625	1503
2020.12	2574701	1727452	1721356	631847	1084388	5121	6096	450125	181428	2856	211308	1532
2021.03	2665192	1804131	1798384	657467	1137878	3039	5747	458200	186960	2856	211553	1492
2021.06	2722896	1854977	1848944	677623	1168032	3290	6032	468368	183094	2856	212130	1472
2021.09	2779704	1894591	1887963	695298	1189163	3503	6628	483805	182139	2856	212146	4167
2021.12	2831289	1926903	1919855	711043	1204537	4275	7048	503154	181387	2856	212867	4123
2022.03	2935093	2010111	2002913	723597	1275123	4194	7197	523043	181494	2856	213495	4095
2022.06	3016585	2063512	2055499	732838	1318283	4378	8013	550647	182182	2856	213187	4201
2022.09	3072110	2107582	2098727	745143	1349085	4499	8855	555961	188241	2856	213127	4344
2022.12	3121815	2139853	2130060	749323	1375208	5529	9792	572977	186779	3107	214712	4387
2023.03	3272245	2254455	2244861	774755	1465077	5029	9594	598315	193824	3350	217894	4408
2023.06	3337388	2305767	2294723	785611	1503308	5805	11043	611311	194494	3540	217734	4543
2023.09	3396875	2345925	2333856	796172	1531911	5773	12068	631657	192779	3855	218095	4564
2023.12	3450554	2375905	2362901	800921	1554232	7748	13005	654241	191322	4053	220454	4578
2024.03	3566166	2470493	2456257	814370	1631791	10096	14236	671490	192692	4182	222682	4628
2024.06	3619927	2508527	2491304	815642	1664013	11649	17223	682615	198025	4193	221900	4668
2024.09	3676631	2536108	2518680	820427	1688606	9647	17428	714275	196447	4193	220966	4642
2024.12	3733523	2556778	2536230	828297	1697318	10615	20548	749767	198091	4285	219919	4684

2.6 1 存款性公司概览（资产）
Depository Corporations Survey (Assets)

单位：亿元
Unit: 100 Million Yuan

时间 Time	国外净资产 Net Foreign Assets	国内信贷 Domestic Credit	对政府债权（净） Claims on Government (Net)
2017	253287	1780278	204892
2018	255736	1965451	251378
2019.03	260083	2039204	260601
2019.06	261731	2074943	266279
2019.09	262994	2124548	276851
2019.12	264599	2172833	290116
2020.03	262342	2288672	305249
2020.06	266549	2351762	314981
2020.09	269648	2406931	331231
2020.12	269522	2440005	340194
2021.03	275772	2531453	347672
2021.06	279923	2576105	350478
2021.09	284820	2619075	364323
2021.12	282995	2673428	385172
2022.03	287887	2783504	402073
2022.06	290159	2858346	426828
2022.09	288208	2915491	435025
2022.12	289130	2949486	449861
2023.03	293151	3088858	467702
2023.06	294843	3166569	485136
2023.09	290329	3206580	499270
2023.12	292868	3257914	522897
2024.03	294765	3386378	541437
2024.06	294599	3422382	558423
2024.09	298987	3479309	583098
2024.12	306129	3532538	620009

2.6 1 存款性公司概览（资产）
Depository Corporations Survey (Assets)

单位：亿元
Unit: 100 Million Yuan

时间 Time	对非金融部门债权 Claims on Non-financial Corporations	对其他金融部门债权 Claims on Other Financial Corporations
2017	1288783	286603
2018	1450737	263336
2019.03	1514311	264292
2019.06	1550378	258286
2019.09	1601534	246163
2019.12	1631601	251116
2020.03	1718473	264950
2020.06	1774685	262096
2020.09	1825816	249884
2020.12	1853490	246321
2021.03	1932317	251465
2021.06	1973570	252057
2021.09	2009069	245683
2021.12	2037223	251033
2022.03	2122343	259088
2022.06	2171091	260427
2022.09	2220784	259683
2022.12	2243282	256343
2023.03	2349739	271417
2023.06	2397542	283890
2023.09	2430961	276348
2023.12	2454026	280992
2024.03	2552106	292835
2024.06	2582542	281418
2024.09	2604484	291727
2024.12	2619462	293068

2.6 2 存款性公司概览（负债）
Depository Corporations Survey (Liabilities)

单位：亿元
Unit: 100 Million Yuan

时间 Time	货币和 准货币 Money and Quasi-money	货币 Money	流通中 货币 Currency in Circulation	单位活期 存款 Corporate Demand Deposits	准货币 Quasi- money	单位定期 存款 Corporate Time Deposits	个人存款 Personal Deposits	其他存款 Other Deposits
2017	1676769	543790	70646	473145	1132978	320196	649341	163441
2018	1826744	551686	73208	478478	1275058	340179	721689	213191
2019.03	1889412	547576	74942	472634	1341837	359015	782606	200215
2019.06	1921360	567696	72581	495115	1353664	362163	790201	201300
2019.09	1952250	557138	74130	483008	1395113	374318	807437	213357
2019.12	1986489	576009	77189	498820	1410480	363486	819162	227832
2020.03	2080923	575050	83022	492028	1505873	390275	884279	231319
2020.06	2134949	604318	79459	524859	1530631	399040	903188	228403
2020.09	2164085	602312	82371	519941	1561773	407659	919507	234606
2020.12	2186796	625581	84315	541266	1561215	383837	932966	244411
2021.03	2276488	616113	86544	529570	1660375	401307	1000039	259030
2021.06	2317788	637479	84347	553132	1680309	403886	1007903	268520
2021.09	2342830	624646	86867	537779	1718184	419570	1018366	280249
2021.12	2382900	647443	90825	556618	1735456	412952	1032441	290063
2022.03	2497688	645064	95142	549922	1852625	440627	1110997	301000
2022.06	2581451	674375	96011	578364	1907076	457184	1136280	313612
2022.09	2626601	664535	98672	565863	1962066	477618	1165283	319165
2022.12	2664321	671675	104706	566969	1992646	462002	1211693	318952
2023.03	2814566	678060	105591	572468	2136507	498891	1311044	326571
2023.06	2873024	695595	105419	590176	2177428	507503	1331169	338757
2023.09	2896659	678444	109253	569190	2218215	526044	1356228	335943
2023.12	2922713	680543	113445	567098	2242171	520996	1378567	342608
2024.03	3047952	685809	117211	568598	2362143	532332	1464461	365351
2024.06	3050162	660611	117737	542874	2389551	543439	1471459	374653
2024.09	3094798	628237	121830	506407	2466562	572860	1497233	396469
2024.12	3135322	670959	128194	542765	2464363	552513	1521246	390604

注：自 2022 年 12 月起，"流通中货币"含流通中数字人民币。12 月末，流通中数字人民币余额为 136.1 亿元。

Note: Since December 2022, "e-CNY in Circulation" has been covered in Currency in Circulation. The amount of e-CNY in Circulation at end December 2022 is RMB 13.61 billion yuan.

2.6 2 存款性公司概览（负债）

Depository Corporations Survey (Liabilities)

单位：亿元

Unit: 100 Million Yuan

时间 Time	不纳入广义 货币的存款 Deposits Excluded from Broad Money	债券 Bonds	实收资本 Paid-in Capital	其他 （净） Other Items (Net)
2017	47043	225877	52048	31828
2018	45211	255388	54432	39412
2019.03	46939	263847	55041	44047
2019.06	47448	268946	57368	41552
2019.09	46835	272586	61934	53935
2019.12	48195	280399	64796	57555
2020.03	49280	282406	66431	71973
2020.06	50241	289588	68419	75114
2020.09	52850	307572	70797	81275
2020.12	53519	312180	73566	83465
2021.03	58157	320736	73826	78017
2021.06	61084	326374	76806	73976
2021.09	59709	338569	78478	84309
2021.12	59379	350552	81428	82165
2022.03	62341	361133	82354	67875
2022.06	62021	368803	83541	52689
2022.09	58980	377861	84261	55997
2022.12	56101	382522	84736	50936
2023.03	58800	390279	55950	62414
2023.06	56510	404906	56318	70653
2023.09	51897	413533	56420	78399
2023.12	52673	421557	57383	96457
2024.03	52542	429528	57633	93488
2024.06	52296	454750	57995	101778
2024.09	51576	469768	58051	104103
2024.12	52936	481220	58322	110867

2.7 ① 货币当局资产负债表（资产）
Balance Sheet of Monetary Authority (Assets)

单位：亿元
Unit: 100 Million Yuan

时间 Time	国外资产 Foreign Assets	外汇 Foreign Exchange	货币黄金 Monetary Gold	其他国外资产 Other Foreign Assets	对政府债权 Claims on Government
2017	221164	214788	2541	3834	15274
2018	217648	212557	2570	2522	15250
2019.03	218110	212537	2664	2909	15250
2019.06	218522	212455	2782	3285	15250
2019.09	218768	212354	2856	3558	15250
2019.12	218639	212317	2856	3466	15250
2020.03	218316	212079	2856	3381	15250
2020.06	218333	211742	2856	3734	15250
2020.09	218213	211625	2856	3732	15250
2020.12	218040	211308	2856	3876	15250
2021.03	219214	211553	2856	4805	15250
2021.06	220506	212130	2856	5520	15250
2021.09	223230	212146	2856	8229	15250
2021.12	225103	212867	2856	9380	15241
2022.03	226202	213495	2856	9852	15241
2022.06	225366	213187	2856	9323	15241
2022.09	224440	213127	2856	8457	15241
2022.12	226907	214712	3107	9088	15241
2023.03	230941	217894	3349	9698	15241
2023.06	231574	217734	3540	10301	15241
2023.09	230939	218095	3855	8988	15241
2023.12	233549	220454	4053	9042	15241
2024.03	235897	222682	4182	9034	15241
2024.06	235326	221900	4193	9234	15241
2024.09	234347	220966	4193	9188	22614
2024.12	233257	219919	4285	9053	28781

注：2021 年 8 月，由于 IMF 进行 SDR 分配，我国 SDR 持有量增加，按 8 月末 SDR 兑人民币汇率折合人民币 2679 亿元，计入 8 月末"其他国外资产"科目。

Note: The increase of SDR holdings was due to the general SDR allocation conducted by the IMF in August 2021, which amounts to 267.9 billion yuan based on the latest SDR exchange rate. The increased amount is recorded in the "Other Foreign Assets" account.

2.7 1 货币当局资产负债表（资产）
Balance Sheet of Monetary Authority (Assets)

单位：亿元
Unit: 100 Million Yuan

时间 Time	对其他 存款性公司债权 Claims on Other Depository Corporations	对其他 金融性公司债权 Claims on Other Financial Corporations	对非金融性公司 债权 Claims on Non-financial Corporations	其他资产 Other Assets	总资产 Total Assets
2017	102230	5987	102	18174	362932
2018	111517	4643	28	23406	372492
2019.03	93668	4709	27	16790	348553
2019.06	101860	4842	0	23121	363595
2019.09	106775	5168	0	16007	361967
2019.12	117749	4623	0	14869	371130
2020.03	113014	4735	0	14059	365375
2020.06	111619	4747	0	13982	363931
2020.09	123620	4742	0	12903	374728
2020.12	133355	4447	0	16583	387676
2021.03	124657	4427	0	19224	382773
2021.06	130900	4354	0	18886	389897
2021.09	132450	4149	0	16894	391974
2021.12	128645	4125	0	22588	395702
2022.03	129349	4118	0	23816	398726
2022.06	126805	1744	0	23399	392555
2022.09	128811	1755	0	27156	397402
2022.12	143132	1557	0	29947	416784
2023.03	146628	1565	0	26632	421007
2023.06	143450	1559	0	26239	418063
2023.09	158157	1341	0	21677	427355
2023.12	185561	1311	0	21283	456944
2024.03	163527	3218	0	20978	438861
2024.06	165509	3800	0	16671	436547
2024.09	174253	7427	0	16410	455051
2024.12	156430	6710	0	15335	440513

2.7 2 货币当局资产负债表（负债）

Balance Sheet of Monetary Authority (Liabilities)

单位：亿元
Unit: 100 Million Yuan

时间 Time	储备货币 Reserve Money	货币发行 Currency Issue	金融性 公司存款 Deposits of Financial Corporations	其他存款性 公司存款 Deposits of Other Depository Corporations	其他金融性 公司存款 Deposits of Other Financial Corporations	非金融性 公司存款 Deposits of Non-financial Corporations	不计入储备货币的 金融性公司存款 Deposits of Financial Corporations Not Included in Reserve Money
2017	321871	77074	243802	243802	—	995	5019
2018	330957	79146	235511	235511	—	16300	4016
2019.03	303711	81311	209648	209648	—	12752	4693
2019.06	313086	78237	221817	221817	—	13032	4237
2019.09	305882	80218	212230	212230	—	13435	4775
2019.12	324175	82859	226024	226024	—	15292	4574
2020.03	317807	90751	212681	212681	—	14375	5016
2020.06	308339	85413	207203	207203	—	15723	4750
2020.09	315643	88063	209650	209650	—	17929	5293
2020.12	330428	89823	222906	222906	—	17699	4882
2021.03	326956	92459	216683	216683	—	17814	4948
2021.06	324494	89614	216321	216321	—	18559	5719
2021.09	324341	92427	212047	212047	—	19867	5193
2021.12	329487	96165	212393	212393	—	20930	6053
2022.03	335458	100738	215232	215232	—	19489	7090
2022.06	334252	101229	212469	212469	—	20554	6441
2022.09	341832	104051	216254	216254	—	21527	5316
2022.12	360956	110013	227877	227877	—	23067	5208
2023.03	364072	110937	230383	230383	—	22752	6105
2023.06	365235	110311	231389	231389	—	23535	6781
2023.09	363921	114478	224685	224685	—	24758	5771
2023.12	389037	118661	245687	245687	—	24689	6038
2024.03	370950	122843	224850	224850	—	23257	5897
2024.06	371286	122507	225481	225481	—	23298	6702
2024.09	379130	126974	227984	227984	—	24173	6875
2024.12	368040	133302	210586	210586	—	24152	6113

注：自2022年12月起，"货币发行"含流通中数字人民币。12月末，流通中数字人民币余额为136.1亿元。

Note : Since December 2022, "e-CNY in Circulation" has been covered in Currency Issue. The amount of e-CNY in Circulation at end December 2022 is RMB 13.61 billion yuan.

2.7 2 货币当局资产负债表（负债）
Balance Sheet of Monetary Authority (Liabilities)

单位：亿元
Unit: 100 Million Yuan

时间 Time	债券发行 Bonds Issue	国外负债 Foreign Liabilities	政府存款 Government Deposits	自有资金 Self-owned Capital	其他负债 Other Liabilities	总负债 Total Liabilities
2017	0	880	28626	220	6316	362932
2018	200	1165	28225	220	7710	372492
2019.03	315	819	31407	220	7387	348553
2019.06	740	904	35683	220	8727	363595
2019.09	940	1106	38527	220	10517	361967
2019.12	1020	842	32415	220	7884	371130
2020.03	985	1896	30775	220	8675	365375
2020.06	950	1198	38253	220	10222	363931
2020.09	950	1081	39774	220	11767	374728
2020.12	900	930	38682	220	11635	387676
2021.03	900	1039	36719	220	11991	382773
2021.06	900	942	45666	220	11955	389897
2021.09	950	1358	46143	220	13769	391974
2021.12	950	998	42932	220	15062	395702
2022.03	950	1188	42003	220	11817	398726
2022.06	950	1313	45748	220	3631	392555
2022.09	950	1466	43738	220	3881	397402
2022.12	950	1574	41273	220	6602	416784
2023.03	950	1653	41318	220	6691	421007
2023.06	950	1458	36874	220	6544	418063
2023.09	1150	3540	43979	220	8774	427355
2023.12	1250	3062	46292	220	11045	456944
2024.03	1350	3773	43560	220	13112	438861
2024.06	1550	4347	41319	220	11123	436547
2024.09	1548	1681	48071	220	17527	455051
2024.12	1571	3107	44997	220	16466	440513

2.8 1 其他存款性公司资产负债表（资产）
Balance Sheet of Other Depository Corporations (Assets)

单位：亿元
Unit: 100 Million Yuan

时间 Time	国外资产 Foreign Assets	储备资产 Reserve Assets			对政府债权 Claims on Government	对中央银行债权 Claims on Central Bank
			准备金存款 Deposits with Central Bank	库存现金 Cash in Vault		
2017	53482	256108	249680	6428	218244	0
2018	60146	243161	237224	5937	264353	0
2019.03	61768	223796	217427	6369	276758	0
2019.06	62600	236259	230603	5656	286711	0
2019.09	64271	225915	219827	6088	300128	0
2019.12	63618	236958	231289	5670	307281	0
2020.03	64484	224365	216637	7729	320774	0
2020.06	67184	217385	211431	5954	337984	0
2020.09	69991	219441	213749	5693	355755	6
2020.12	69051	232331	226822	5509	363625	6
2021.03	73277	226614	220698	5916	369141	6
2021.06	75390	226403	221136	5267	380894	6
2021.09	77155	221623	216063	5560	395217	33
2021.12	73886	222500	217161	5340	412863	21
2022.03	75977	226193	220597	5596	428835	26
2022.06	79493	222109	216891	5218	457335	95
2022.09	80499	225101	219722	5379	463522	158
2022.12	78345	236791	231484	5307	475893	133
2023.03	78330	239820	234474	5346	493779	145
2023.06	79472	240810	235918	4892	506769	153
2023.09	78213	233424	228199	5225	528008	159
2023.12	77476	253765	248549	5216	553948	224
2024.03	79094	234349	228716	5632	569756	267
2024.06	80677	234504	229733	4770	584502	299
2024.09	81546	236645	231502	5144	608555	266
2024.12	88076	218881	213773	5108	636224	341

注：自 2008 年起，本表项目中原"央行债券"更名为"对中央银行债权"。
Note: Since 2008, the item of "Central Bank Bonds" has been renamed as "Claims on Central Bank".

2.8 ① 其他存款性公司资产负债表（资产）
Balance Sheet of Other Depository Corporations (Assets)

单位：亿元
Unit: 100 Million Yuan

时间 Time	对其他存款性 公司债权 * Claims on Other Depository Corporations*	对其他金融性 公司债权 * Claims on Other Financial Corporations*	对非金融性 公司债权 Claims on Non-financial Corporations	对其他居民部门 债权 Claims on Other Resident Sectors	其他资产 Other Assets	总资产 Total Assets
2017	296043	280617	889011	399669	104049	2497224
2018	287239	258694	977946	472762	103033	2667335
2019.03	294876	259583	1023575	490709	109325	2740389
2019.06	295166	253445	1040312	510066	109708	2794267
2019.09	290077	240995	1072307	529227	110959	2833878
2019.12	296766	246493	1085250	546351	110002	2892720
2020.03	304461	260215	1159863	558610	115285	3008058
2020.06	307126	257349	1192615	582070	121669	3083380
2020.09	311281	245142	1218411	607406	121551	3148983
2020.12	309123	241873	1229057	624433	120490	3189989
2021.03	312619	247037	1282427	649889	124430	3285440
2021.06	313685	247702	1303663	669907	128370	3346020
2021.09	309123	241534	1321354	687715	126717	3380470
2021.12	311830	246908	1333789	703434	125164	3430395
2022.03	320805	254970	1406256	716087	131367	3560516
2022.06	332538	258683	1445571	725520	133306	3654652
2022.09	333637	257928	1482875	737909	135829	3717456
2022.12	350308	254786	1501257	742025	126756	3766294
2023.03	375472	269853	1590862	758877	134236	3941374
2023.06	381887	282331	1629159	768383	139322	4028286
2023.09	374075	275007	1652637	778325	140190	4060037
2023.12	382273	279681	1671554	782472	131375	4132769
2024.03	392024	289617	1755793	796312	143479	4260691
2024.06	388863	277617	1785255	797287	141828	4290832
2024.09	393842	284300	1802782	801702	143346	4352983
2024.12	404803	286358	1810479	808982	138568	4392714

* 自 2005 年起，本表采用其他存款性公司和其他金融性公司分类，其机构范围详见第 94 页 [注 1]。2005 年之前，存款货币银行和特定存款机构加总的数据可以替代其他存款性公司数据，其他金融机构的数据可以替代其他金融性公司数据。

* For this sheet, new classification has been adopted since 2005. Please refer to the note 1 on page 94 for the particular institution coverage of other depository corporations and other financial corporations. To keep comparability, the data of other depository corporations before 2005 could be approximately substituted by the aggregation of deposit money banks and specific monetary institutions. Similarly, data of other financial corporations could be substituted by data of other financial institutions before 2005.

2.8 2 其他存款性公司资产负债表（负债）
Balance Sheet of Other Depository Corporations (Liabilities)

单位：亿元
Unit: 100 Million Yuan

时间 Time	对非金融机构及住户负债 Liabilities to Non-financial Institutions & Households	纳入广义货币的存款 Deposits Included in Broad Money	企业活期存款 Demand Deposits of Enterprises	企业定期存款 Time Deposits of Enterprises	居民储蓄存款 Household Savings Deposits	不纳入广义货币的存款 Deposits Excluded from Broad Money	可转让存款 Transferable Deposits	其他存款 Other Deposits	其他负债 Other Liabilities	对中央银行负债 Liabilities to Central Bank
2017	1531979	1442682	473145	320196	649341	47043	15267	31777	42253	105470
2018	1641201	1540345	478478	340179	721689	45211	15356	29856	55644	104475
2019.03	1716456	1614256	472634	359015	782606	46939	15018	31921	55262	99705
2019.06	1749287	1647479	495115	362163	790201	47448	14927	32521	54360	108057
2019.09	1778065	1664764	483008	374318	807437	46835	14019	32816	66466	90790
2019.12	1798147	1681468	498820	363486	819162	48195	15660	32534	68485	98826
2020.03	1885969	1766582	492028	390275	884279	49280	15202	34077	70107	109648
2020.06	1948426	1827086	524859	399040	903188	50241	16799	33442	71099	112609
2020.09	1976995	1847108	519941	407659	919507	52850	19162	33688	77037	119563
2020.12	1987799	1858070	541266	383837	932966	53519	21942	31577	76210	129521
2021.03	2057725	1930915	529570	401307	1000039	58157	22773	35385	68653	121882
2021.06	2088783	1964922	553132	403886	1007903	61084	25076	36008	62777	121963
2021.09	2092410	1975714	537779	419570	1018366	59709	24573	35136	56987	122911
2021.12	2116899	2002011	556618	412952	1032441	59379	26309	33069	55509	118576
2022.03	2215577	2101546	549922	440627	1110997	62341	26320	36021	51690	121211
2022.06	2282192	2171828	578364	457184	1136280	62021	25906	36115	48343	117755
2022.09	2319147	2208764	565863	477618	1165283	58980	22646	36334	51403	120055
2022.12	2340881	2240663	566969	462002	1211693	56101	23349	32751	44117	134996
2023.03	2479732	2382404	572468	498891	1311044	58800	22390	36410	38529	137874
2023.06	2526361	2428848	590176	507503	1331169	56510	20047	36463	41003	139491
2023.09	2541264	2451462	569190	526044	1356228	51897	18916	32981	37905	155246
2023.12	2556824	2466660	567098	520996	1378567	52673	21614	31059	37491	180440
2024.03	2660078	2565391	568598	532332	1464461	52542	21590	30952	42145	162762
2024.06	2653726	2557772	542874	543439	1471459	52296	21973	30323	43658	155277
2024.09	2668166	2576500	506407	572860	1497233	51576	21303	30273	40090	159328
2024.12	2711331	2616524	542765	552513	1521246	52936	23243	29693	41871	155488

2.8 2 其他存款性公司资产负债表（负债）
Balance Sheet of Other Depository Corporations (Liabilities)

单位：亿元
Unit: 100 Million Yuan

时间 Time	对其他存款性 公司负债 * Liabilities to Other Depository Corporations*	对其他金融性 公司负债 * Liabilities to Other Financial Corporations*	计入广义 货币的存款 Deposits Included in Broad Money	国外 负债 Foreign Liabilities	债券发行 Bonds Issue	实收资本 Paid-in Capital	其他负债 Other Liabilities	总负债 Total Liabilities
2017	126116	168351	162446	20479	225877	51828	267124	2497224
2018	108916	184311	179375	20894	255388	54213	297939	2667335
2019.03	108129	172181	168963	18975	263847	54821	306274	2740389
2019.06	107772	171809	168314	18487	268946	57149	312761	2794267
2019.09	106142	186008	181042	18940	272586	61714	319633	2833878
2019.12	114185	198935	193524	16816	280399	64576	320835	2892720
2020.03	118731	195538	191193	18562	282406	66211	330992	3008058
2020.06	116114	192416	188017	17769	289588	68199	338258	3083380
2020.09	110278	204215	199085	17475	307572	70577	342309	3148983
2020.12	115916	209083	205279	16639	312180	73346	345504	3189989
2021.03	115872	223191	218830	15680	320736	73606	356748	3285440
2021.06	114713	233337	228851	15030	326374	76587	369233	3346020
2021.09	110802	244093	239134	14208	338569	78258	379219	3380470
2021.12	112652	253974	249744	14996	350552	81208	381539	3430395
2022.03	112057	260309	256854	13104	361133	82134	394989	3560516
2022.06	120315	266918	263581	13387	368803	83321	401960	3654652
2022.09	119575	269451	266135	15265	377861	84041	412062	3717456
2022.12	122637	274424	270433	14547	382522	84516	411770	3766294
2023.03	128983	283559	280021	14468	390279	55730	450749	3941374
2023.06	133942	286402	283176	14745	404906	56099	466339	4028286
2023.09	122878	279633	276078	15283	413533	56200	476000	4060037
2023.12	129085	296668	293323	15094	421557	57163	475939	4132769
2024.03	133134	312903	309450	16454	429528	57413	488419	4260691
2024.06	127964	322531	318245	17057	454750	57776	501751	4290832
2024.09	126111	347804	342996	15225	469768	57832	508751	4352983
2024.12	135265	330551	324411	12097	481220	58102	508660	4392714

* 见第 29 页脚注。
* See footnote on page 29.

2.9 1 中资大型银行资产负债表（资产）
Balance Sheet of Large-sized Domestic Banks (Assets)

单位：亿元
Unit: 100 Million Yuan

时间 Time	国外资产 Foreign Assets	储备资产 Reserve Assets			对政府债权 Claims on Government	对中央银行债权 Claims on Central Bank
			准备金存款 Deposits with Central Bank	库存现金 Cash in Vault		
2017	29052	130449	126967	3482	140119	0
2018	32428	117999	114844	3155	169057	0
2019.03	33608	114264	111007	3256	176290	0
2019.06	34433	121144	118292	2853	181812	0
2019.09	34651	116632	113529	3103	187999	0
2019.12	33061	115340	112447	2893	190308	0
2020.03	33157	116895	112899	3996	197850	0
2020.06	33900	108890	105948	2942	205992	0
2020.09	36751	110310	107597	2713	217284	0
2020.12	35302	113840	111177	2662	217999	0
2021.03	38552	116028	113195	2833	221001	0
2021.06	39671	112432	109933	2500	225517	0
2021.09	39999	112901	110228	2673	233130	4
2021.12	38780	106488	103875	2614	241697	2
2022.03	39255	116847	114165	2683	250405	6
2022.06	41384	113573	111031	2542	267637	59
2022.09	41692	117563	115038	2525	267487	78
2022.12	40565	120858	118318	2540	272866	72
2023.03	41153	132355	129758	2598	282453	70
2023.06	41232	131879	129511	2368	290447	66
2023.09	40954	126094	123470	2624	298018	73
2023.12	39771	136151	133623	2528	310979	79
2024.03	40168	128626	125919	2707	320673	107
2024.06	40409	126112	123741	2371	332980	147
2024.09	41189	130025	127537	2488	349412	135
2024.12	44402	107780	105302	2478	367803	155

2.9 1 中资大型银行资产负债表（资产）
Balance Sheet of Large-sized Domestic Banks (Assets)

单位：亿元
Unit: 100 Million Yuan

时间 Time	对其他存款性 公司债权 Claims on Other Depository Corporations	对其他金融性 公司债权 Claims on Other Financial Corporations	对非金融性 公司债权 Claims on Non-financial Corporations	对其他居民 部门债权 Claims on Other Resident Sectors	其他资产 Other Assets	总资产 Total Assets
2017	105575	64262	453332	207600	51792	1182180
2018	103994	62477	486979	237933	44609	1255477
2019.03	110879	60248	507840	246082	51284	1300495
2019.06	106288	58906	511601	254095	51199	1319477
2019.09	104356	56649	530200	261743	52360	1344591
2019.12	108628	59675	531981	269474	49340	1357807
2020.03	114137	68377	568502	277069	52509	1428496
2020.06	114633	66055	581121	288410	56805	1455807
2020.09	112655	62433	595056	298864	57135	1490488
2020.12	108597	60305	594803	305838	54584	1491269
2021.03	109861	65430	616788	317211	56691	1541561
2021.06	109094	64032	625546	326165	58969	1561427
2021.09	105570	57688	631829	334406	55829	1571356
2021.12	102091	57670	636358	343247	54415	1580749
2022.03	106299	63433	671888	350928	57871	1656934
2022.06	113497	65648	693459	354558	58847	1708662
2022.09	118385	67127	716901	358966	57980	1746180
2022.12	121434	65105	726698	359977	52033	1759608
2023.03	133327	72806	772399	369508	56012	1860083
2023.06	142519	79524	796930	372393	58822	1913813
2023.09	136345	75520	814458	378359	58329	1928150
2023.12	139380	78273	825236	380967	54066	1964902
2024.03	154207	83629	869190	392982	63093	2052675
2024.06	142905	65609	889061	393695	61574	2052491
2024.09	143550	71080	899637	395793	63266	2094087
2024.12	142167	71159	903158	399844	60174	2096641

2.9 2 中资大型银行资产负债表（负债）
Balance Sheet of Large-sized Domestic Banks (Liabilities)

单位：亿元
Unit:100 Million Yuan

时间 Time	对非金融机构 及住户负债 Liabilities to Non-financial Institutions & Households	纳入广义 货币的存款 Deposits Included in Broad Money	企业活期 存款 Demand Deposits of Enterprises	企业定期 存款 Time Deposits of Enterprises	居民储蓄 存款 Household Savings Deposits	不纳入 广义货币的 存款 Deposits Excluded from Broad Money	可转让 存款 Transferable Deposits	其他 存款 Other Deposits	其他 负债 Other Liabilities	对中央银行 负债 Liabilities to Central Bank
2017	784171	726114	224714	121510	379890	23798	7025	16773	34260	56824
2018	835134	766507	229781	124589	412136	22554	7125	15429	46073	51163
2019.03	881378	810464	235333	129918	445213	24741	7335	17406	46173	49225
2019.06	886185	816431	243249	128648	444534	24537	7107	17431	45217	52089
2019.09	902169	823408	237396	133663	452350	23911	6689	17223	54850	43931
2019.12	899124	817776	235743	128904	453128	24106	7167	16939	57242	46898
2020.03	953872	866581	240939	137020	488622	24952	7326	17626	62339	52966
2020.06	978032	887989	252208	140540	495242	26041	7786	18255	64002	54723
2020.09	998826	902286	249626	149070	503591	27492	8979	18513	69047	56597
2020.12	985192	892571	250190	136502	505879	26450	9545	16905	66170	57687
2021.03	1033146	941784	252271	146381	543132	30583	10448	20134	60779	55854
2021.06	1037327	950122	262289	144222	543611	31659	11720	19940	55546	54748
2021.09	1035408	954617	253917	152551	548149	30223	11567	18656	50568	52334
2021.12	1031363	953759	255376	147690	550693	29465	12180	17284	48139	51413
2022.03	1091074	1014587	258063	163714	592811	31482	12835	18647	45005	53556
2022.06	1114420	1041337	269375	169891	602071	31751	12131	19620	41332	54353
2022.09	1137645	1065573	267545	178912	619116	31653	11177	20477	40419	54875
2022.12	1138269	1071964	264619	169730	637616	30655	11471	19184	35649	64237
2023.03	1227137	1159604	268804	198507	692293	35284	12167	23117	32249	66204
2023.06	1249674	1184137	274864	209636	699637	34345	10669	23676	31192	68800
2023.09	1259575	1200532	266530	220476	713526	30583	10464	20119	28460	70332
2023.12	1258374	1200283	255633	220658	723991	29129	10950	18179	28962	83592
2024.03	1333591	1270397	265603	233827	770967	28856	11839	17018	34338	79981
2024.06	1301150	1239324	246994	227081	765250	26764	11538	15226	35062	76515
2024.09	1304095	1246261	234783	230778	780700	26434	11678	14756	31400	76107
2024.12	1314947	1258680	246088	220169	792424	26638	12073	14565	29628	80655

注：“中资大型银行资产负债表”机构范围见第 96 页 [注 2]。
Note: Please refer to note 2 on page 96 for the information of institutional coverage of the "Balance Sheet of Large-sized Domestic Banks".

2.9 2 中资大型银行资产负债表（负债）
Balance Sheet of Large-sized Domestic Banks (Liabilities)

单位：亿元
Unit:100 Million Yuan

时间 Time	对其他存款性 公司负债 Liabilities to Other Depository Corporations	对其他金融性 公司负债 Liabilities to Other Financial Corporations	计入广义 货币的存款 Deposits Included in Broad Money	国外负债 Foreign Liabilities	债券发行 Bonds Issue	实收资本 Paid-in Capital	其他负债 Other Liabilities	总负债 Total Liabilities
2017	24752	60932	59851	8531	94777	21813	130380	1182180
2018	23530	69786	68494	8440	105420	22193	139810	1255477
2019.03	20706	65085	63673	6326	108965	22530	146279	1300495
2019.06	23624	66870	65435	6410	113085	23327	147886	1319477
2019.09	21879	74352	72823	7219	116591	26774	151675	1344591
2019.12	28760	76363	74667	5416	121340	26490	153416	1357807
2020.03	31747	79299	77595	5994	121255	27535	155827	1428496
2020.06	25903	75949	74477	6013	125545	28783	160859	1455807
2020.09	21163	80781	79325	6242	134117	29525	163236	1490488
2020.12	26920	82113	80652	6432	135748	29582	167594	1491269
2021.03	24841	84491	82877	6037	136685	29674	170833	1541561
2021.06	27550	88932	87313	5494	140780	31246	175351	1561427
2021.09	22643	96493	94814	5505	147610	31653	179711	1571356
2021.12	27985	95473	94020	5613	152936	32465	183501	1580749
2022.03	27708	100090	98802	5155	157566	33254	188531	1656934
2022.06	31551	112752	111280	5411	163441	33902	192833	1708662
2022.09	29961	117372	116045	6973	168994	34123	196238	1746180
2022.12	33765	115943	114483	5492	170029	34123	197752	1759608
2023.03	32431	118744	117118	5440	173676	18455	217996	1860083
2023.06	35035	128864	127139	5810	179908	18455	227267	1913813
2023.09	27014	129302	127676	6390	184661	18455	232422	1928150
2023.12	33304	141687	140172	6493	190844	18455	232154	1964902
2024.03	32157	154067	152366	8190	188701	18455	237533	2052675
2024.06	34365	167863	166026	8408	202235	18455	243501	2052491
2024.09	34065	192982	191150	6638	213810	18455	247935	2094087
2024.12	46266	164887	162937	5099	216869	18455	249464	2096641

2.10 1 中资中型银行资产负债表（资产）
Balance Sheet of Medium-sized Domestic Banks (Assets)

单位：亿元
Unit:100 Million Yuan

时间 Time	国外资产 Foreign Assets	储备资产 Reserve Assets	准备金存款 Deposits with Central Bank	库存现金 Cash in Vault	对政府债权 Claims on Government
2017	20462	43565	42955	609	45819
2018	23271	40680	40142	538	54925
2019.03	23766	36866	36318	548	57824
2019.06	23657	39869	39363	506	59972
2019.09	24963	37927	37417	509	62971
2019.12	25406	40481	39958	523	65121
2020.03	26464	35072	34417	654	66927
2020.06	27852	38061	37552	510	70352
2020.09	27409	37011	36534	477	72234
2020.12	27382	8412	37926	486	74433
2021.03	28277	38733	38255	479	74884
2021.06	28521	38539	38078	461	76312
2021.09	29796	35811	35358	453	78783
2021.12	27449	38121	37636	485	81749
2022.03	29162	36784	36327	457	82907
2022.06	30107	36761	36297	465	86420
2022.09	30502	35723	35262	461	88756
2022.12	29902	38405	37902	503	91843
2023.03	29843	36346	35895	450	94315
2023.06	30923	37311	36870	440	96788
2023.09	29886	35192	34713	479	102803
2023.12	30153	39783	39274	509	108255
2024.03	31159	35282	34766	516	107657
2024.06	32299	35002	34542	460	107813
2024.09	32116	33642	33168	474	109753
2024.12	34695	32774	32283	491	112319

2.10 ① 中资中型银行资产负债表（资产）
Balance Sheet of Medium-sized Domestic Banks (Assets)

单位：亿元
Unit:100 Million Yuan

时间 Time	对中央银行债权 Claims on Central Bank	对其他存款性公司债权 Claims on Other Depository Corporations	对其他金融性公司债权 Claims on Other Financial Corporations	对非金融性公司债权 Claims on Non-financial Corporations	对其他居民部门债权 Claims on Other Resident Sectors	其他资产 Other Assets	总资产 Total Assets
2017	0	45886	96630	210329	94119	18620	575429
2018	0	43056	89388	231885	115302	20563	619068
2019.03	0	39878	89914	242419	119419	19350	629436
2019.06	0	42354	91389	246838	124971	20373	649423
2019.09	0	42024	84221	253745	129645	18972	654470
2019.12	0	41453	87301	259666	133930	19640	672999
2020.03	0	41503	92842	281922	134331	20587	699648
2020.06	0	40177	94402	290139	139356	20979	721317
2020.09	0	43510	90230	294600	146109	21196	732299
2020.12	0	41322	91604	298540	150881	21916	744489
2021.03	0	41622	92317	312817	155156	22683	766491
2021.06	0	43696	94209	315475	159040	23554	779346
2021.09	11	41815	92872	321370	163025	23351	786834
2021.12	6	43728	95177	322516	167095	23078	798920
2022.03	11	44391	95727	340616	167637	24135	821370
2022.06	23	42258	95917	348050	170100	24354	833991
2022.09	25	43579	92536	356651	172919	24315	845006
2022.12	7	49830	94530	360433	173929	22283	861161
2023.03	23	52326	99154	382542	174842	24905	894295
2023.06	26	48932	101210	387073	176806	25020	904089
2023.09	36	46150	96909	389083	177951	26423	904432
2023.12	71	48992	100058	392738	178319	22856	921225
2024.03	83	44432	101068	411661	177254	25676	934272
2024.06	68	48672	102553	415435	176848	25483	944173
2024.09	45	50780	103463	419190	177125	25056	951171
2024.12	60	56383	106431	421114	178935	23998	966710

2.10 2 中资中型银行资产负债表（负债）
Balance Sheet of Medium-sized Domestic Banks (Liabilities)

单位：亿元
Unit: 100 Million Yuan

时间 Time	对非金融机构及住户负债 Liabilities to Non-financial Institutions & Households	纳入广义货币的存款 Deposits Included in Broad Money	企业活期存款 Demand Deposits of Enterprises	企业定期存款 Time Deposits of Enterprises	居民储蓄存款 Household Savings Deposits	不纳入广义货币的存款 Deposits Excluded from Broad Money	可转让存款 Transferable Deposits	其他存款 Other Deposits	其他负债 Other Liabilities	对中央银行负债 Liabilities to Central Bank
2017	264587	246848	106644	92988	47216	14377	4634	9743	3362	37760
2018	282199	264373	104898	101411	58064	14631	4615	10016	3195	39696
2019.03	295754	278223	104160	109754	64309	14661	4603	10058	2870	40115
2019.06	308802	291253	111928	111702	67622	14732	4584	10147	2818	42104
2019.09	310633	292211	107294	116149	68767	14371	4080	10292	4050	33555
2019.12	314307	296613	111424	113512	71677	14638	4544	10095	3056	36167
2020.03	334297	315466	110615	127376	77475	14911	4442	10469	3919	39978
2020.06	347636	329399	120417	128614	80367	14594	4976	9618	3643	38057
2020.09	344403	325146	120167	126127	78851	15392	6026	9366	3866	39175
2020.12	347617	326484	126363	118874	81246	16365	7274	9091	4769	42301
2021.03	353832	332617	124697	122135	85785	17343	7668	9675	3872	39102
2021.06	362807	341104	129797	123678	87629	18100	8059	10041	3604	39190
2021.09	362205	341128	126833	127280	87015	17943	7904	10039	3135	39243
2021.12	367988	347312	130245	126467	90601	17198	7675	9522	3478	34086
2022.03	383042	360906	130935	132048	97923	18937	7777	11160	3199	33451
2022.06	399751	378017	136309	138887	102821	18286	7725	10561	3448	30025
2022.09	404892	382497	133996	143204	105297	16617	6436	10181	5778	32124
2022.12	408134	389387	130752	139737	118899	14563	6262	8301	4184	36448
2023.03	423560	406801	137448	142268	127085	13677	5405	8272	3082	37495
2023.06	431951	414004	141301	141657	131046	12743	4720	8023	5205	35962
2023.09	429746	412800	135053	145016	132730	11812	4217	7595	5135	45744
2023.12	431879	415018	136160	142830	136029	12677	5259	7418	4184	54073
2024.03	436660	419523	137274	139888	142361	13137	5048	8089	4000	43238
2024.06	444124	425711	132987	147043	145682	13930	5235	8696	4482	40044
2024.09	448450	430359	119895	162612	147851	13658	4767	8891	4433	42647
2024.12	458668	438795	128110	158495	152189	13757	5296	8461	6117	35981

注：“中资中型银行资产负债表”机构范围见第 96 页［注 2］。

Note: Please refer to note 2 on page 96 for the information of institutional coverage of the "Balance Sheet of Medium-sized Domestic Banks".

2.10 2 中资中型银行资产负债表（负债）
Balance Sheet of Medium-sized Domestic Banks (Liabilities)

单位：亿元
Unit: 100 Million Yuan

时间 Time	对其他存款性 公司负债 Liabilities to Other Depository Corporations	对其他金融性 公司负债 Liabilities to Other Financial Corporations	计入广义 货币的存款 Deposits Included in Broad Money	国外负债 Foreign Liabilities	债券发行 Bonds Issue	实收资本 Paid-in Capital	其他负债 Other Liabilities	总负债 Total Liabilities
2017	39070	67781	65259	6132	94733	6222	59144	575429
2018	34694	72246	69944	6374	107575	6396	69889	619068
2019.03	35156	65135	64120	6613	110745	6432	69487	629436
2019.06	33655	66012	65252	6418	113788	7560	71084	649423
2019.09	34915	72330	70797	6389	116548	8229	71871	654470
2019.12	35854	77678	76643	6419	121923	9506	71145	672999
2020.03	37387	73350	72753	6387	122559	9838	75851	699648
2020.06	40505	73856	72996	6467	127383	10038	77375	721317
2020.09	38008	80542	79620	6007	136648	10936	76579	732299
2020.12	38744	83305	82765	5095	140070	12241	75116	744489
2021.03	37404	92935	92133	4700	146746	12245	79529	766491
2021.06	33172	95675	94851	4638	147301	12944	83617	779346
2021.09	33749	97675	96285	4211	151975	13543	84233	786834
2021.12	31863	103314	102560	4554	158809	14473	83833	798920
2022.03	31790	103396	102617	3762	162420	14493	89017	821370
2022.06	34872	97777	96975	3650	163424	14547	89945	833991
2022.09	34377	95280	94671	4259	167429	14664	91982	845006
2022.12	34842	99574	98961	4297	171991	14668	91206	861161
2023.03	39101	105793	105359	4476	175898	5179	102793	894295
2023.06	39812	99802	99342	4491	181869	5184	105018	904089
2023.09	36060	92667	92091	4325	184624	5188	106078	904432
2023.12	36727	96036	95268	4272	186630	5189	106419	921225
2024.03	40952	99088	98017	4131	194110	5232	110861	934272
2024.06	36401	95623	94093	4443	203370	5464	114705	944173
2024.09	36764	95478	93665	3990	203372	5464	115007	951171
2024.12	37204	100097	98051	3229	212352	5474	113706	966710

2.11 1 中资小型银行资产负债表（资产）
Balance Sheet of Small-sized Domestic Banks (Assets)

单位：亿元
Unit: 100 Million Yuan

时间 Time	国外资产 Foreign Assets	储备资产 Reserve Assets	准备金存款 Deposits with Central Bank	库存现金 Cash in Vault	对政府债权 Claims on Government	对中央银行债权 Claims on Central Bank
2017	1461	63567	61738	1830	28473	0
2018	1766	66329	64499	1830	35998	0
2019.03	1695	58544	56470	2074	38174	0
2019.06	1856	60856	58972	1884	40258	0
2019.09	1891	56778	54735	2042	44117	0
2019.12	2005	64860	62937	1923	46624	0
2020.03	1952	57779	55143	2635	49685	0
2020.06	2383	56810	54667	2143	55081	0
2020.09	2551	58075	55941	2134	59448	0
2020.12	3079	64114	62054	2060	63445	6
2021.03	3165	58625	56356	2269	66027	6
2021.06	3815	61153	59141	2013	71777	6
2021.09	3728	59155	57030	2125	76099	10
2021.12	3636	63528	61538	1990	81562	7
2022.03	3715	59973	57796	2177	87413	7
2022.06	4220	59490	57517	1973	94513	12
2022.09	4380	59099	56972	2127	98060	54
2022.12	4289	64422	62374	2048	101430	54
2023.03	4096	59265	57203	2063	107166	52
2023.06	4206	59770	57896	1875	109416	48
2023.09	4265	59811	57900	1911	116495	26
2023.12	4203	64921	62923	1997	123547	59
2024.03	4566	60022	57818	2203	130197	46
2024.06	4488	62025	60258	1767	132577	34
2024.09	4651	61566	59568	1998	138430	33
2024.12	5080	65575	63599	1976	145047	46

2.11 1 中资小型银行资产负债表（资产）
Balance Sheet of Small-sized Domestic Banks (Assets)

单位：亿元
Unit: 100 Million Yuan

时间 Time	对其他存款性 公司债权 Claims on Other Depository Corporations	对其他金融性 公司债权 Claims on Other Financial Corporations	对非金融性 公司债权 Claims on Non-financial Corporations	对其他居民 部门债权 Claims on Other Resident Sectors	其他资产 Other Assets	总资产 Total Assets
2017	94275	110144	173386	78880	18173	568359
2018	92540	97963	204553	101280	21378	621807
2019.03	99608	100037	218027	106887	22301	645274
2019.06	99874	94683	225586	112490	21855	657457
2019.09	98606	90945	231032	119494	22982	665844
2019.12	97216	91184	235858	125354	24518	687620
2020.03	101735	90651	251022	129592	25008	707424
2020.06	105005	87819	262239	136546	26824	732708
2020.09	109891	82618	268727	144655	26497	752462
2020.12	108371	78920	273958	150346	27302	769540
2021.03	114983	79278	290159	160024	28261	800529
2021.06	111612	78582	299812	167082	28749	822589
2021.09	113928	78821	305337	172890	30462	840429
2021.12	110436	81744	311018	176055	30715	858701
2022.03	120586	83831	329872	180320	32026	897743
2022.06	121569	85011	340446	183571	32237	921067
2022.09	120553	85078	344192	188646	34086	934148
2022.12	121273	83352	349078	191195	33596	948690
2023.03	136600	85752	371778	197549	34723	996982
2023.06	135121	88712	380125	202053	35839	1015290
2023.09	137335	88709	384302	204744	36257	1031943
2023.12	135953	88673	388566	206436	35891	1048249
2024.03	142169	92619	410463	209236	36155	1085473
2024.06	142586	96568	415859	209915	35797	1099849
2024.09	144096	96534	419712	212214	36608	1113843
2024.12	146018	96280	420140	213762	35919	1127867

2.11 2 中资小型银行资产负债表（负债）
Balance Sheet of Small-sized Domestic Banks (Liabilities)

单位：亿元
Unit: 100 Million Yuan

时间 Time	对非金融 机构及 住户负债 Liabilities to Non-financial Institutions & Households	纳入广义 货币的存款 Deposits Included in Broad Money	企业活期 存款 Demand Deposits of Enterprises	企业定期 存款 Time Deposits of Enterprises	居民储蓄 存款 Household Savings Deposits	不纳入 广义货币 的存款 Deposits Excluded from Broad Money	可转让 存款 Transferable Deposits	其他 存款 Other Deposits	其他 负债 Other Liabilities	对中央银行 负债 Liabilities to Central Bank
2017	366366	358988	103422	76011	179555	4076	854	3222	3302	9510
2018	408501	400135	103423	83601	213111	3359	980	2379	5007	12398
2019.03	431793	423363	100492	88712	234159	3314	835	2479	5115	9362
2019.06	444499	435576	104677	90939	239961	3642	926	2716	5281	12898
2019.09	454180	444455	104402	91117	248935	3787	990	2796	5938	12459
2019.12	466769	455701	107988	89184	258528	4162	1102	3060	6906	14790
2020.03	485350	478644	104738	93004	280902	4484	996	3488	2222	15775
2020.06	507469	500897	113280	96533	291085	4461	1183	3279	2110	18768
2020.09	519816	512891	115378	96863	300650	4673	1324	3349	2252	22308
2020.12	528721	521158	118138	92853	310166	4868	1591	3277	2695	27801
2021.03	553746	546421	116492	95380	334549	5292	1650	3642	2034	25489
2021.06	566394	558517	119843	98476	340198	5904	1783	4121	1973	26393
2021.09	574762	566466	118523	100270	347673	6327	1830	4497	1969	29406
2021.12	585933	576925	121117	99939	355869	6600	2224	4376	2408	31356
2022.03	618899	610259	121583	104987	383689	6655	2338	4317	1985	32110
2022.06	638072	629594	126710	108673	394211	6456	2416	4041	2021	31829
2022.09	647436	639160	123160	112731	403268	5602	1943	3659	2675	31074
2022.12	658509	651021	121027	112415	417579	4881	2057	2824	2607	32725
2023.03	700762	693871	125009	116232	452631	4875	1945	2930	2016	32566
2023.06	712562	705764	127691	116981	461092	4318	1656	2662	2479	33036
2023.09	720612	713727	124110	119546	470071	4415	1609	2806	2471	36966
2023.12	729832	722377	122681	119402	480294	4854	2006	2848	2600	40970
2024.03	762076	754816	122746	120500	511571	5071	1857	3213	2190	37883
2024.06	773751	765949	116850	128542	520557	5402	1944	3458	2400	37308
2024.09	781517	773638	108855	135500	529283	5358	1874	3484	2521	39083
2024.12	795132	786047	115270	133911	536866	5580	2092	3488	3505	37116

注："中资小型银行资产负债表"机构范围见第 96 页 [注 2]。
Note: Please refer to note 2 on page 96 for the information of institutional coverage of the "Balance Sheet of Small-sized Domestic Banks".

2.11 2 中资小型银行资产负债表（负债）
Balance Sheet of Small-sized Domestic Banks (Liabilities)

单位：亿元
Unit: 100 Million Yuan

时间 Time	对其他存款性 公司负债 Liabilities to Other Depository Corporations	对其他金融性 公司负债 Liabilities to Other Financial Corporations	计入广义 货币的存款 Deposits Included in Broad Money	国外负债 Foreign Liabilities	债券发行 Bonds Issue	实收资本 Paid-in Capital	其他负债 Other Liabilities	总负债 Total Liabilities
2017	50952	37994	36297	924	36014	14972	51628	568359
2018	40430	40729	39697	1151	41757	16546	60295	621807
2019.03	40333	40357	39865	1190	43349	16719	62172	645274
2019.06	38498	37091	36271	1202	41197	16993	65080	657457
2019.09	37739	37610	36070	1052	38600	17427	66777	665844
2019.12	38823	42923	40698	932	36267	19063	68052	687620
2020.03	37437	40815	39212	979	37592	19287	70189	707424
2020.06	38672	40660	39041	865	35588	19702	70985	732708
2020.09	39524	40878	38789	836	35825	20180	73095	752462
2020.12	39462	41634	40394	769	35466	21444	74243	769540
2021.03	41169	43571	42176	795	36404	21660	77694	800529
2021.06	42108	46569	44943	759	37331	22290	80747	822589
2021.09	41888	47259	45941	789	38062	23021	85241	840429
2021.12	41366	52588	51047	763	37918	23952	84824	858701
2022.03	40687	53852	52824	648	40040	23926	87580	897743
2022.06	42504	53509	52722	747	40897	24431	89078	921067
2022.09	43806	53780	52635	751	40377	24745	92180	934148
2022.12	43489	56089	54409	882	39479	24969	92548	948690
2023.03	46503	56233	55010	849	39620	21229	99220	996982
2023.06	48024	55102	54281	999	42061	21423	102083	1015290
2023.09	48545	54940	53802	1006	43193	21659	105022	1031943
2023.12	48570	56277	55496	958	42993	22409	106239	1048249
2024.03	50027	56888	56402	927	45546	22682	109444	1085473
2024.06	48194	56525	55827	1055	48126	22777	112112	1099849
2024.09	46513	56964	56008	880	51590	22842	114454	1113843
2024.12	43484	62798	61030	847	51162	22968	114361	1127867

2.12 1 外资银行资产负债表（资产）
Balance Sheet of Foreign-funded Banks (Assets)

单位：亿元
Unit: 100 Million Yuan

时间 Time	国外资产 Foreign Assets	储备资产 Reserve Assets	准备金存款 Deposits with Central Bank	库存现金 Cash in Vault	对政府债权 Claims on Government	对中央银行 债权 Claims on Central Bank
2017	2222	3766	3758	7	2230	0
2018	2452	3287	3281	6	2681	0
2019.03	2501	2645	2639	5	2740	0
2019.06	2443	2904	2899	5	2884	0
2019.09	2546	2880	2875	5	3096	0
2019.12	2950	3252	3247	5	3388	0
2020.03	2673	2948	2943	4	4089	0
2020.06	2811	3113	3109	4	4023	0
2020.09	3075	2950	2946	4	4150	0
2020.12	3091	3203	3199	3	4806	0
2021.03	3092	2724	2721	3	4283	0
2021.06	3215	2760	2757	3	4285	0
2021.09	3412	2583	2581	3	4162	8
2021.12	3767	2578	2575	3	4421	6
2022.03	3649	2338	2335	3	4601	1
2022.06	3599	2248	2246	3	4861	1
2022.09	3673	2388	2386	2	4925	0
2022.12	3297	2800	2798	3	5107	0
2023.03	2936	2327	2325	2	5292	0
2023.06	2799	2359	2357	2	5607	13
2023.09	2806	2424	2422	2	5720	23
2023.12	3027	2888	2885	2	5990	15
2024.03	2880	2116	2114	2	5609	31
2024.06	3129	2308	2306	2	5492	51
2024.09	3265	2454	2452	2	5486	54
2024.12	3544	2824	2822	2	5218	81

注：自 2008 年起，本表项目中原"央行债券"更名为"对中央银行债权"。
Note: Since 2008, the item of "Central Bank Bonds" has been renamed as "Claims on Central Bank".

2.12 1 外资银行资产负债表（资产）
Balance Sheet of Foreign-funded Banks (Assets)

单位：亿元
Unit: 100 Million Yuan

时间 Time	对其他存款性 公司债权 * Claims on Other Depository Corporations*	对其他金融性 公司债权 * Claims on Other Financial Corporations*	对非金融性 公司债权 Claims on Non-financial Corporations	对其他居民 部门债权 Claims on Other Resident Sectors	其他资产 Other Assets	总资产 Total Assets
2017	6505	3694	11020	1234	11812	42483
2018	5844	3745	11649	1452	13066	44177
2019.03	5178	3812	11983	1524	12962	43344
2019.06	5378	3664	12132	1573	12813	43791
2019.09	4865	3646	12633	1609	13114	44389
2019.12	5186	3662	12266	1683	12684	45071
2020.03	4798	3728	13108	1685	13326	46355
2020.06	4297	3669	12983	1708	13176	45780
2020.09	4500	3753	13169	1779	12795	46171
2020.12	4739	4395	13299	1873	12452	47858
2021.03	4272	4431	13723	1945	12618	47087
2021.06	4175	4717	13493	2041	12687	47373
2021.09	4145	4661	13342	2110	12709	47134
2021.12	4540	4781	13267	2212	12519	48091
2022.03	3873	4676	13977	2195	12533	47843
2022.06	3423	4618	13648	2211	13414	48023
2022.09	3722	4558	14572	2244	14117	50197
2022.12	4179	4857	13444	2186	13494	49366
2023.03	3692	4758	13163	2076	13873	48118
2023.06	3933	4908	13779	2068	14885	50350
2023.09	3918	4993	13563	2057	14773	50279
2023.12	4263	5177	12910	2052	14358	50680
2024.03	4384	5057	13382	1945	14480	49885
2024.06	4548	5339	13109	1833	14951	50760
2024.09	5153	5153	13130	1859	14576	51131
2024.12	5419	5393	13816	1905	14725	52924

* 自 2005 年起，本表采用其他存款性公司和其他金融性公司分类，其机构范围详见第 94 页 [注 1]。2005 年之前，存款货币银行和特定存款机构加总的数据可以替代其他存款性公司数据，其他金融机构的数据可以替代其他金融性公司数据。

* For this sheet, new classification has been adopted since 2005. Please refer to the note 1 on page 94 for the particular institution coverage of other depository corporations and other financial corporations. To keep comparability, the data of other depository corporations before 2005 could be approximately substituted by the aggregation of deposit money banks and specific monetary institutions. Similarly, data of other financial corporations could be substituted by data of other financial institutions before 2005.

2.12 2 外资银行资产负债表（负债）
Balance Sheet of Foreign-funded Banks (Liabilities)

单位：亿元
Unit: 100 Million Yuan

时间 Time	对非金融 机构及 住户负债 Liabilities to Non-financial Institutions & Households	纳入广义 货币 的存款 Deposits Included in Broad Money	企业活期 存款 Demand Deposits of Enterprises	企业定期 存款 Time Deposits of Enterprises	居民储蓄 存款 Household Savings Deposits	不纳入广义 货币的存款 Deposits Excluded from Broad Money	可转让 存款 Transferable Deposits	其他 存款 Other Deposits	其他 负债 Other Liabilities	对中央银行 负债 Liabilities to Central Bank
2017	18357	13802	4886	7645	1270	3373	1761	1612	1182	284
2018	18386	13700	4837	7565	1298	3461	1876	1586	1225	144
2019.03	17054	12744	3850	7607	1288	3303	1701	1602	1007	85
2019.06	17706	13126	4131	7691	1304	3625	1752	1872	956	161
2019.09	18494	13102	3870	7929	1303	3850	1764	2086	1542	133
2019.12	19486	14390	5347	7706	1338	3953	1946	2007	1143	183
2020.03	19033	13523	4587	7576	1359	3983	1841	2141	1527	65
2020.06	19247	13896	4867	7643	1387	4092	2156	1936	1258	74
2020.09	19952	14108	4364	8396	1348	4056	2122	1934	1787	296
2020.12	22026	15505	5744	8362	1399	4084	2325	1759	2437	422
2021.03	20533	14914	4872	8638	1404	3743	2256	1487	1876	147
2021.06	20463	14845	4995	8445	1404	4051	2497	1554	1568	303
2021.09	19964	14758	4395	8984	1379	3978	2401	1577	1228	579
2021.12	21225	15681	5516	8781	1383	4192	2649	1544	1352	331
2022.03	20158	14823	4680	8760	1383	3929	2395	1534	1406	664
2022.06	20259	14830	4950	8473	1406	3976	2474	1502	1453	81
2022.09	21546	15190	4600	9127	1463	3916	2351	1564	2440	552
2022.12	21554	16014	5636	8799	1579	4001	2381	1620	1539	215
2023.03	19651	14841	4568	8585	1688	3730	2109	1621	1081	339
2023.06	20851	14948	5178	8004	1766	3873	2134	1739	2030	535
2023.09	20414	14695	4868	7970	1857	3973	1978	1995	1746	1042
2023.12	21613	15673	5908	7785	1981	4332	2138	2194	1608	589
2024.03	20294	14558	4920	7539	2099	4223	2006	2217	1514	439
2024.06	21850	15704	5101	8424	2179	4523	2048	2475	1623	224
2024.09	22472	16252	4806	9204	2242	4575	2105	2470	1645	369
2024.12	24652	17478	6273	8867	2337	4725	2217	2508	2449	602

2.12 2 外资银行资产负债表（负债）
Balance Sheet of Foreign-funded Banks (Liabilities)

单位：亿元
Unit: 100 Million Yuan

时间 Time	对其他存款性 公司负债* Liabilities to Other Depository Corporations*	对其他金融性 公司负债* Liabilities to Other Financial Corporations*	计入广义 货币的存款 Deposits Included in Broad Money	国外负债 Foreign Liabilities	债券发行 Bonds Issue	实收资本 Paid-in Capital	其他负债 Other Liabilities	总负债 Total Liabilities
2017	2612	941	772	4884	226	1835	13344	42483
2018	2342	1116	1004	4904	549	1878	14858	44177
2019.03	2823	1128	1024	4827	695	1954	14777	43344
2019.06	2893	1163	1052	4444	806	1975	14642	43791
2019.09	2497	1211	1059	4273	785	1977	15019	44389
2019.12	2663	1264	1140	4041	859	1979	14597	45071
2020.03	2302	1442	1313	5197	988	1983	15345	46355
2020.06	2524	1318	1181	4423	966	1988	15241	45780
2020.09	2538	1286	1112	4388	904	1986	14821	46171
2020.12	2257	1403	1205	4342	845	1999	14564	47858
2021.03	2891	1592	1408	4147	851	2008	14918	47087
2021.06	2737	1668	1489	4138	924	2011	15129	47373
2021.09	2962	2087	1882	3702	916	2000	14923	47134
2021.12	2735	2067	1859	4066	884	2019	14765	48091
2022.03	2783	2605	2395	3539	1105	2039	14950	47843
2022.06	2542	2519	2335	3578	1035	2041	15967	48023
2022.09	2131	2687	2531	3279	1061	2055	16885	50197
2022.12	2190	2469	2301	3877	1020	2054	15988	49366
2023.03	2570	2465	2308	3701	1080	2045	16266	48118
2023.06	2761	2299	2149	3445	1067	2047	17346	50350
2023.09	2583	2394	2270	3562	1049	2052	17182	50279
2023.12	2960	2255	2118	3371	1082	2054	16756	50680
2024.03	3131	2579	2426	3206	1164	2055	17017	49885
2024.06	2630	2201	2041	3151	1007	2054	17645	50760
2024.09	2284	2073	1915	3717	978	2043	17195	51131
2024.12	2223	2309	2100	2922	829	2046	17342	52924

* 见第 45 页脚注。

* See footnote on page 45.

2.13 1 农村信用社资产负债表（资产）
Balance Sheet of Rural Credit Cooperatives (Assets)

单位：亿元
Unit: 100 Million Yuan

时间 Time	国外资产 Foreign Assets	储备资产 Reserve Assets			对政府债权 Claims on Government	对中央银行债权 Claims on Central Bank
			准备金存款 Deposits with Central Bank	库存现金 Cash in Vault		
2017	4	11275	10776	499	1545	0
2018	7	11289	10881	408	1627	0
2019.03	7	8764	8279	485	1658	0
2019.06	7	8741	8333	407	1692	0
2019.09	5	8697	8270	427	1857	0
2019.12	5	9541	9216	325	1698	0
2020.03	5	8267	7828	439	2068	0
2020.06	5	7311	6956	355	2314	0
2020.09	5	7927	7563	363	2364	6
2020.12	4	8863	8566	297	2693	0
2021.03	6	7242	6909	333	2676	0
2021.06	5	7132	6841	291	2760	0
2021.09	1	7714	7409	305	2751	0
2021.12	1	8174	7926	248	3143	0
2022.03	4	7132	6856	277	3192	0
2022.06	3	6697	6462	236	3440	0
2022.09	1	6981	6718	263	3762	0
2022.12	1	6840	6626	214	4031	0
2023.03	2	6208	5976	232	3862	0
2023.06	4	6154	5948	206	3962	0
2023.09	5	6346	6137	209	4312	0
2023.12	7	6476	6297	179	4472	0
2024.03	11	5066	4862	204	5078	0
2024.06	11	5564	5394	170	5051	0
2024.09	11	5313	5132	181	4914	0
2024.12	11	5915	5754	162	5233	0

注：自 2008 年起，本表项目中原"央行债券"更名为"对中央银行债权"。
Note: Since 2008, the item of "Central Bank Bonds" has been renamed as "Claims on Central Bank".

2.13 1 农村信用社资产负债表（资产）
Balance Sheet of Rural Credit Cooperatives (Assets)

单位：亿元
Unit: 100 Million Yuan

时间 Time	对其他存款性 公司债权 * Claims on Other Depository Corporations*	对其他金融性 公司债权 * Claims on Other Financial Corporations*	对非金融性 公司债权 Claims on Non-financial Corporations	对其他居民 部门债权 Claims on Other Resident Sectors	其他资产 Other Assets	总资产 Total Assets
2017	20412	2139	17749	16597	3295	73017
2018	16429	1454	15547	15328	2948	64629
2019.03	19770	1517	15643	15310	2929	65598
2019.06	19639	1111	15150	15476	2966	64781
2019.09	18916	1514	14821	15359	3009	64177
2019.12	15994	895	13808	14560	3256	59756
2020.03	18698	951	14270	14705	3218	62182
2020.06	17701	939	14036	14816	3272	60394
2020.09	18094	1479	13774	14742	3341	61731
2020.12	16059	1119	13053	14149	3405	59344
2021.03	18219	1017	13132	14143	3531	59965
2021.06	18178	1049	13190	14177	3741	60232
2021.09	17794	1661	12627	13899	3650	60096
2021.12	16185	1321	12267	13388	3792	58272
2022.03	18297	1177	12431	13602	3831	59666
2022.06	18016	1147	12554	13757	3852	59465
2022.09	17226	1979	12591	13822	4746	61108
2022.12	16066	1340	12709	13451	4753	59191
2023.03	17698	1369	13654	13714	4070	60577
2023.06	17602	1406	13821	13946	4016	60911
2023.09	17812	1932	13781	14162	3774	62123
2023.12	15791	1262	12944	13680	3572	58203
2024.03	15538	1104	12958	13957	3459	57171
2024.06	15024	1181	12985	14153	3383	57351
2024.09	15147	1694	12655	13939	3230	56903
2024.12	14365	1008	12924	13820	3101	56376

* 自 2005 年起，本表采用其他存款性公司和其他金融性公司分类，其机构范围详见第 94 页 [注 1]。2005 年之前，存款货币银行和特定存款机构加总的数据可以替代其他存款性公司数据，其他金融机构的数据可以替代其他金融性公司数据。

* For this sheet, new classification has been adopted since 2005. Please refer to the note 1 on page 94 for the particular institution coverage of other depository corporations and other financial corporations. To keep comparability, the data of other depository corporations before 2005 could be approximately substituted by the aggregation of deposit money banks and specific monetary institutions. Similarly, data of other financial corporations could be substituted by data of other financial institutions before 2005.

2.13 2 农村信用社资产负债表（负债）
Balance Sheet of Rural Credit Cooperatives (Liabilities)

单位：亿元
Unit: 100 Million Yuan

时间 Time	对非金融 机构及 住户负债 Liabilities to Non-financial Institutions & Households	纳入广义 货币的存款 Deposits Included in Broad Money	企业活期 存款 Demand Deposits of Enterprises	企业定期 存款 Time Deposits of Enterprises	居民储蓄 存款 Household Savings Deposits	不纳入广义 货币的存款 Deposits Excluded from Broad Money	可转让 存款 Transferable Deposits	其他 存款 Other Deposits	其他 负债 Other Liabilities	对中央银行 负债 Liabilities to Central Bank
2017	52983	52845	9570	1870	41405	5	1	4	133	886
2018	46535	46408	7839	1497	37072	0	0	0	127	771
2019.03	46880	46799	7664	1505	37630	0	0	0	80	654
2019.06	45976	45904	7653	1479	36772	0	0	0	71	558
2019.09	44995	44925	7397	1454	36074	0	0	0	70	502
2019.12	42228	42107	6354	1271	34482	1	1	0	121	553
2020.03	43666	43580	6379	1288	35913	0	0	0	86	573
2020.06	42837	42765	6339	1326	35099	0	0	0	72	682
2020.09	42849	42779	6425	1294	35060	0	0	0	70	806
2020.12	41288	41168	5697	1203	34268	1	1	0	119	941
2021.03	42099	42019	5635	1222	35162	0	0	0	80	876
2021.06	41874	41804	5483	1265	35056	0	0	0	70	884
2021.09	40693	40624	5188	1292	34145	0	0	0	69	885
2021.12	39857	39744	4615	1239	33890	0	0	0	113	944
2022.03	41159	41077	4631	1258	35187	0	0	0	81	958
2022.06	41715	41643	4612	1263	35767	0	0	0	72	1005
2022.09	42063	41991	4595	1260	36137	0	0	0	71	1027
2022.12	41490	41372	4156	1198	36019	1	1	0	117	1024
2023.03	42892	42804	4226	1232	37346	0	0	0	87	971
2023.06	43262	43187	4237	1323	37626	0	0	0	75	890
2023.09	43530	43455	4096	1317	38043	0	0	0	74	914
2023.12	41518	41404	3847	1285	36271	0	0	0	114	1009
2024.03	42375	42288	3614	1211	37463	0	0	0	86	972
2024.06	42687	42614	3554	1269	37790	0	0	0	73	987
2024.09	41833	41761	3327	1277	37156	0	0	0	72	912
2024.12	42040	41908	3256	1223	37429	0	0	0	131	976

2.13 2 农村信用社资产负债表（负债）
Balance Sheet of Rural Credit Cooperatives (Liabilities)

单位：亿元
Unit: 100 Million Yuan

时间 Time	对其他存款性 公司负债* Liabilities to Other Depository Corporations*	对其他金融性 公司负债* Liabilities to Other Financial Corporations*	计入广义 货币的存款 Deposits Included in Broad Money	国外负债 Foreign Liabilities	债券发行 Bonds Issue	实收资本 Paid-in Capital	其他负债 Other Liabilities	总负债 Total Liabilities
2017	8076	449	116	0	32	1856	8735	73017
2018	7165	170	88	0	10	1585	8392	64629
2019.03	7992	135	114	1	16	1510	8410	65598
2019.06	7959	238	124	1	8	1476	8563	64781
2019.09	8222	158	103	1	1	1408	8890	64177
2019.12	7277	318	112	1	1	1416	7963	59756
2020.03	8455	222	102	1	2	1375	7888	62182
2020.06	7432	264	91	1	7	1344	7827	60394
2020.09	7906	293	73	1	17	1319	8539	61731
2020.12	7647	319	57	1	8	1306	7835	59344
2021.03	8107	286	68	1	19	1244	7332	59965
2021.06	8194	155	76	1	18	1293	7813	60232
2021.09	8826	173	65	1	5	1203	8310	60096
2021.12	8091	194	65	1	4	1373	7807	58272
2022.03	8297	122	75	1	3	1389	7739	59666
2022.06	8031	119	100	1	6	1340	7248	59465
2022.09	8828	118	104	1	0	1323	7749	61108
2022.12	7908	109	99	1	4	1321	7334	59191
2023.03	7849	126	107	1	6	1294	7438	60577
2023.06	7701	122	104	0	1	1330	7604	60911
2023.09	8236	134	96	0	5	1320	7984	62123
2023.12	7051	133	97	0	8	1381	7102	58203
2024.03	6271	95	95	0	6	1338	6114	57171
2024.06	5998	96	96	0	12	1343	6227	57351
2024.09	6225	109	95	0	17	1317	6489	56903
2024.12	5613	98	91	0	9	1339	6301	56376

* 见第 49 页脚注。

* See footnote on page 49.

2.14 1 财务公司资产负债表（资产）
Balance Sheet of Finance Companies (Assets)

单位：亿元
Unit: 100 Million Yuan

时间 Time	国外资产 Foreign Assets	储备资产 Reserve Assets	准备金存款 Deposits with Central Bank	库存现金 Cash in Vault	对政府 债权 Claims on Government	对中央银行 债权 Claims on Central Bank
2017	282	3486	3486	0	58	0
2018	222	3577	3577	0	65	0
2019.03	191	2714	2714	0	72	0
2019.06	203	2744	2744	0	93	0
2019.09	215	3001	3000	1	88	0
2019.12	192	3485	3485	0	142	0
2020.03	233	3405	3405	0	155	0
2020.06	232	3200	3200	0	221	0
2020.09	201	3169	3167	2	275	0
2020.12	193	3899	3899	0	250	0
2021.03	184	3262	3262	0	270	0
2021.06	163	4386	4386	0	244	0
2021.09	219	3458	3457	1	291	0
2021.12	253	3612	3612	0	291	0
2022.03	192	3119	3119	0	316	0
2022.06	182	3340	3340	0	463	0
2022.09	251	3346	3346	0	533	0
2022.12	290	3465	3465	0	615	0
2023.03	301	3318	3318	0	691	0
2023.06	307	3337	3337	0	550	0
2023.09	297	3556	3556	0	661	0
2023.12	315	3546	3546	0	706	0
2024.03	310	3237	3237	0	543	0
2024.06	341	3492	3492	0	588	0
2024.09	314	3645	3645	0	558	0
2024.12	343	4014	4014	0	605	0

注：自 2008 年起，本表项目中原"央行债券"更名为"对中央银行债权"。
Note: Since 2008, the item of "Central Bank Bonds" has been renamed as "Claims on Central Bank".

2.14 1 财务公司资产负债表（资产）
Balance Sheet of Finance Companies (Assets)

单位：亿元
Unit: 100 Million Yuan

时间 Time	对其他存款性 公司债权 * Claims on Other Depository Corporations*	对其他金融性 公司债权 * Claims on Other Financial Corporations*	对非金融性 公司债权 Claims on Non-financial Corporations	对其他居民 部门债权 Claims on Other Resident Sectors	其他资产 Other Assets	总资产 Total Assets
2017	23390	3748	23195	1239	356	55755
2018	25376	3666	27334	1468	468	62177
2019.03	19563	4054	27663	1487	498	56242
2019.06	21634	3693	29006	1461	503	59337
2019.09	21310	4020	29877	1375	522	60407
2019.12	28289	3777	31670	1350	563	69467
2020.03	23591	3668	31038	1227	637	63954
2020.06	25312	4465	32096	1234	614	67374
2020.09	22630	4629	33084	1257	588	65833
2020.12	30035	5531	35404	1347	831	77490
2021.03	23662	4564	35808	1410	646	69807
2021.06	26931	5114	36147	1402	668	75054
2021.09	25871	5831	36849	1384	717	74620
2021.12	34849	6215	38362	1437	644	85662
2022.03	27359	6126	37472	1405	972	76960
2022.06	33776	6343	37414	1323	602	83442
2022.09	30172	6650	37968	1312	584	80816
2022.12	37527	5602	38895	1288	597	88279
2023.03	31828	6014	37326	1187	654	81319
2023.06	33780	6571	37431	1116	741	83833
2023.09	32514	6944	37450	1052	635	83110
2023.12	37895	6237	39161	1019	632	89510
2024.03	31294	6140	38139	938	615	81216
2024.06	35127	6368	38807	843	640	86207
2024.09	35115	6376	38458	773	609	85848
2024.12	40452	6087	39327	717	650	92196

* 自 2005 年起，本表采用其他存款性公司和其他金融性公司分类，其机构范围详见第 94 页 [注 1]。2005 年之前，存款货币银行和特定存款机构加总的数据可以替代其他存款性公司数据，其他金融机构的数据可以替代其他金融性公司数据。

* For this sheet, new classification has been adopted since 2005. Please refer to the monet 1 on page 94 for the particular institution coverage of other depository corporations and other financial corporations. To keep comparability, the data of other depository corporations before 2005 could be approximately substituted by the aggregation of deposit money banks and specific monetary institutions. Similarly, data of other financial corporations could be substituted by data of other financial institutions before 2005.

2.14 2 财务公司资产负债表（负债）
Balance Sheet of Finance Companies (Liabilities)

单位：亿元
Unit: 100 Million Yuan

时间 Time	对非金融机构及住户负债 Liabilities to Non-financial Institutions & Households	纳入广义货币的存款 Deposits Included in Broad Money	企业活期存款 Demand Deposits of Enterprises	企业定期存款 Time Deposits of Enterprises	居民储蓄存款 Household Savings Deposits	不纳入广义货币的存款 Deposits Excluded from Broad Money	可转让存款 Transferable Deposits	其他存款 Other Deposits	其他负债 Other Liabilities	对中央银行负债 Liabilities to Central Bank
2017	45515	44086	23909	20172	5	1416	992	424	14	205
2018	50446	49222	27699	21516	7	1205	760	446	18	302
2019.03	43598	42661	21135	21519	7	920	544	376	17	264
2019.06	46118	45189	23477	21704	8	912	558	354	17	247
2019.09	47594	46662	22649	24006	8	916	495	420	16	209
2019.12	56233	54881	31964	22908	8	1335	901	434	17	235
2020.03	49753	48789	24770	24012	8	950	597	353	14	291
2020.06	53205	52140	27748	24384	8	1052	697	354	14	304
2020.09	51148	49897	23981	25909	7	1236	710	526	15	379
2020.12	62955	61184	35134	26043	7	1752	1206	545	19	370
2021.03	54370	53161	25602	27551	7	1196	749	447	13	414
2021.06	59917	58530	30724	27800	6	1370	1018	352	18	446
2021.09	59377	58120	28922	29192	5	1238	871	366	19	464
2021.12	70532	68589	39749	28835	5	1924	1580	343	19	446
2022.03	61246	59894	30029	29860	4	1337	976	362	14	472
2022.06	67975	66407	36407	29996	4	1552	1159	393	16	463
2022.09	65565	64354	31966	32385	2	1192	739	453	20	403
2022.12	72926	70904	40780	30123	2	2000	1178	823	21	347
2023.03	65730	64483	32415	32067	1	1233	764	469	14	299
2023.06	68061	66808	36905	29902	1	1231	867	363	22	267
2023.09	67386	66253	34533	31719	1	1114	648	466	19	248
2023.12	73609	71906	42869	29036	1	1680	1261	419	23	206
2024.03	65081	63809	34441	29368	1	1255	840	415	17	250
2024.06	70164	68469	37389	31080	1	1676	1209	468	18	199
2024.09	69799	68229	34740	33489	0	1552	880	672	19	209
2024.12	75892	73616	43768	29848	0	2236	1565	671	41	158

2.14 2 财务公司资产负债表（负债）
Balance Sheet of Finance Companies (Liabilities)

单位：亿元
Unit: 100 Million Yuan

时间 Time	对其他存款性 公司负债* Liabilities to Other Depository Corporations*	对其他金融性 公司负债* Liabilities to Other Financial Corporations*	计入广义 货币的存款 Deposits Included in Broad Money	国外负债 Foreign Liabilities	债券发行 Bonds Issue	实收资本 Paid-in Capital	其他负债 Other Liabilities	总负债 Total Liabilities
2017	655	253	151	9	95	5129	3893	55755
2018	755	264	148	25	77	5615	4694	62177
2019.03	1119	342	166	18	77	5677	5147	56242
2019.06	1144	436	179	12	60	5816	5505	59337
2019.09	889	348	190	7	60	5901	5401	60407
2019.12	808	389	265	8	10	6122	5662	69467
2020.03	1402	409	220	3	10	6193	5892	63954
2020.06	1079	369	230	0	101	6344	5971	67374
2020.09	1140	435	166	0	60	6632	6039	65833
2020.12	886	309	207	0	42	6774	6152	77490
2021.03	1460	317	167	0	30	6775	6442	69807
2021.06	952	339	179	0	20	6804	6576	75054
2021.09	734	405	146	0	1	6838	6801	74620
2021.12	612	338	195	0	0	6926	6809	85662
2022.03	793	245	141	0	0	7032	7172	76960
2022.06	814	241	170	0	0	7060	6889	83442
2022.09	473	215	148	2	0	7131	7028	80816
2022.12	444	239	180	0	0	7381	6942	88279
2023.03	529	198	118	0	0	7528	7035	81319
2023.06	610	214	161	0	0	7660	7022	83833
2023.09	441	197	143			7526	7311	83110
2023.12	472	280	172	0	0	7675	7269	89510
2024.03	596	186	145	0	0	7652	7450	81216
2024.06	375	224	162	0	0	7683	7561	86207
2024.09	258	199	163	0	0	7711	7671	85848
2024.12	476	362	202	0	0	7821	7487	92196

* 见第 53 页脚注。

* See footnote on page 53.

3.1 金融统计数据报告

2024 年金融统计数据报告

一、全年社会融资规模增量累计为 32.26 万亿元

初步统计，2024 年全年社会融资规模增量累计为 32.26 万亿元，比上年少 3.32 万亿元。其中，对实体经济发放的人民币贷款增加 17.05 万亿元，同比少增 5.17 万亿元；对实体经济发放的外币贷款折合人民币减少 3916 亿元，同比多减 1710 亿元；委托贷款减少 577 亿元，同比多减 776 亿元；信托贷款增加 3976 亿元，同比多增 2400 亿元；未贴现的银行承兑汇票减少 3295 亿元，同比多减 1513 亿元；企业债券净融资 1.91 万亿元，同比多 2839 亿元；政府债券净融资 11.3 万亿元，同比多 1.69 万亿元；非金融企业境内股票融资 2900 亿元，同比少 5031 亿元。

二、广义货币增长 7.3%

12 月末，广义货币 (M2) 余额 313.53 万亿元，同比增长 7.3%。狭义货币 (M1) 余额为 67.1 万亿元，同比下降 1.4%。流通中货币 (M0) 余额为 12.82 万亿元，同比增长 13%。全年净投放现金 1.47 万亿元。

三、全年人民币贷款增加 18.09 万亿元

12 月末，本外币贷款余额为 259.58 万亿元，同比增长 7.2%。12 月末，人民币贷款余额为 255.68 万亿元，同比增长 7.6%。

全年人民币贷款增加 18.09 万亿元。分部门来看，住户贷款增加 2.72 万亿元，其中，短期贷款增加 4732 亿元，中长期贷款增加 2.25 万亿元；企（事）业单位贷款增加 14.33 万亿元，其中，短期贷款增加 2.61 万亿元，中长期贷款增加 10.08 万亿元，票据融资增加 1.57 万亿元；非银行业金融机构贷款增加 2855 亿元。

12 月末，外币贷款余额为 5422 亿美元，同比下降 17.4%。全年外币贷款减少 1142 亿美元。

四、全年人民币存款增加 17.99 万亿元

12 月末，本外币存款余额为 308.38 万亿元，同比增长 6.4%。

12 月末，人民币存款余额为 302.25 万亿元，同比增长 6.3%。

全年人民币存款增加 17.99 万亿元。其中，住户存款增加 14.26 万亿元，非金融企业存款减少 2943 亿元，财政性存款减少 2125 亿元，非银行业金融机构存款增加 2.59 万亿元。

12 月末，外币存款余额为 8529 亿美元，同比增长 6.9%。全年外币存款增加 551 亿美元。

五、12 月银行间人民币市场同业拆借月加权平均利率为 1.57%，质押式债券回购月加权平均利率为 1.65%

全年银行间人民币市场以拆借、现券和回购方式合计成交 2161.65 万亿元，日均成交 8.61 万亿元，日均成交同比增长 1.3%。其中，同业拆借日均成交同比下降 28.2%，现券日均成交同比增长 22.5%，质押式回购日均成交同比下降 0.2%。

12 月，同业拆借加权平均利率为 1.57%，比上月高 0.02 个百分点，比上年同期低 0.21 个百分点。质押式回购加权平均利率为 1.65%，比上月高 0.06 个百分点，比上年同期低 0.25 个百分点。

六、国家外汇储备余额 3.2 万亿美元

12 月末，国家外汇储备余额为 3.2 万亿美元。12 月末，人民币汇率为 1 美元兑 7.1884 元人民币。

七、2024 年经常项下跨境人民币结算金额为 16.27 万亿元，直接投资跨境人民币结算金额为 8.25 万亿元

2024 年，经常项下跨境人民币结算金额为 16.27 万亿元，其中货物贸易、服务贸易及其他经常项目分别为 12.39 万亿元、3.88 万亿元；直接投资跨境人民币结算金额为 8.25 万亿元，其中对外直接投资、外商直接投资分别为 3.01 万亿元、5.24 万亿元。

注 1：社会融资规模增量是指一定时期内实体经济从金融体系获得的资金额。数据来源于中国人民银行、国家金融监督管理总局、中国证券监督管理委员会、中央国债登记结算有限责任公司、中国银行间市场交易商协会等部门。

注 2：自 2022 年 12 月起，"流通中货币"(M0) 含流通中数字人民币。12 月末，流通中数字人民币余额为 136.1 亿元。修订后，2022 年各月末 M1、M2 增速无明显变化。修订后 M0 增速如下：

时间	2022.01	2022.02	2022.03	2022.04	2022.05	2022.06
流通中货币 (M0)	18.5%	5.8%	10.0%	11.5%	13.5%	13.9%
时间	2022.07	2022.08	2022.09	2022.10	2022.11	2022.12
流通中货币 (M0)	13.9%	14.3%	13.6%	14.4%	14.1%	15.3%

注 3：自 2023 年 1 月起，中国人民银行将消费金融公司、理财公司和金融资产投资公司三类银行业非存款类金融机构纳入金融统计范围。2023 年 1 月末，三类机构贷款余额为 8410 亿元，当月增加 57 亿元；存款余额为 222 亿元，当月增加 27 亿元。文中数据均按可比口径计算。

注 4：因注 3，中国人民银行对社会融资规模中"对实体经济发放的人民币贷款"和"贷款核销"数据进行了调整。2023 年 1 月末，上述三类机构对实体经济发放的人民币贷款余额为 8410 亿元，当月增加 57 亿元；贷款核销余额为 1706 亿元，当月增加 30 亿元。文中数据均按可比口径计算。

3.1 ■Financial Statistics Data Report

Report on Financial Statistics of 2024

1. China's aggregate financing to the real economy (AFRE, flow) amounted to 32.26 trillion yuan in 2024

According to preliminary statistics, AFRE(flow) reached 32.26 trillion yuan in 2024, down 3.32 trillion yuan from the previous year. In particular, new RMB loans to the real economy increased by 17.05 trillion yuan, down 5.17 trillion yuan year on year; new foreign currency-denominated loans to the real economy decreased by 391.6 billion yuan, down 171 billion yuan year on year; new entrusted loans decreased by 57.7 billion yuan, down 77.6 billion yuan year on year; new trust loans increased by 397.6 billion yuan, up 240 billion yuan year on year; undiscounted banker's acceptances decreased by 329.5 billion yuan, down 151.3 billion yuan year on year; net bond financing of enterprises rose 1.91 trillion yuan, up 283.9 billion yuan year on year; net financing of government bonds rose 11.3 trillion yuan, up 1.69 trillion yuan year on year; financing by domestic non-financial companies via the domestic stock market was 290 billion yuan, down 503.1 billion yuan year on year.

2. Broad money(M2) rose by 7.3 percent

At end-2024, broad money (M2) stood at 313.53 trillion yuan, increased by 7.3 percent year on year. Narrow money (M1) registered 67.1 trillion yuan, decreased by 1.4 percent year on year. Currency in circulation (M0) was 12.82 trillion yuan, increased by 13 percent year on year. The whole year of 2024 saw a net money injection of 1.47 trillion yuan.

3. RMB loans increased by 18.09 trillion yuan in 2024

At end-2024, outstanding RMB and foreign currency loans registered 259.58 trillion yuan, increased by 7.2 percent year on year. Outstanding RMB loans grew by 7.6 percent year on year to 255.68 trillion yuan.

RMB loans increased by 18.09 trillion yuan in 2024. By sector, household loans increased by 2.72 trillion yuan, with short-term loans increased by 473.2 billion yuan and medium-and long-term loans increased by 2.25 trillion yuan; loans to non-financial enterprises and other sectors increased by 14.33 trillion yuan, with short-term loans increased by 2.61 trillion yuan, medium-and long-term loans increased by 10.08 trillion yuan, and bill financing increased by 1.57 trillion yuan; loans to non-banking financial institutions increased by 285.5 billion yuan.

At end-2024 outstanding foreign currency loans registered US$542.2 billion, down 17.4 percent year on year. Foreign currency loans decreased by US$ 114.2 billion in 2024.

4. RMB deposits increased by 17.99 trillion yuan in 2024

At end-2024, the outstanding amount of RMB and foreign currency deposits registered 308.38 trillion yuan, increased by 6.4 percent year on year. RMB deposits registered 302.25 trillion yuan, increased by 6.3 percent year on year.

RMB deposits expanded by 17.99 trillion yuan in 2024. By sector, household deposits increased by 14.26 trillion yuan; deposits of non-financial enterprises decreased by 294.3 billion yuan; fiscal deposits decreased by 212.5 billion yuan; deposits of non-banking financial institutions increased by 2.59 trillion yuan.

At end-2024, the outstanding amount of foreign currency deposits was US$852.9 billion, up 6.9 percent year on year. Foreign currency deposits increased by US$ 55.1 billion in 2024.

5. The monthly weighted average interbank lending rate for December stood at 1.57 percent and the monthly weighted average interest rate on bond pledged repo stood at 1.65 percent

In 2024, lending, spot trading and bond repo transactions in the interbank RMB market totaled 2161.65 trillion yuan. The average daily turnover was 8.61 trillion yuan, up 1.3 percent year on year. In particular, the average daily turnover of interbank lending decreased by 28.2 percent, the average daily turnover of spot trading increased by 22.5 percent and the average daily turnover of bond pledged repo decreased by 0.2 percent year on year.

The monthly weighted average interbank lending rate for December stood at 1.57 percent, up 0.02 percentage point a month earlier and down 0.21 percentage point year on year. The monthly weighted average interest rate on bond pledged repo registered 1.65 percent, up 0.06 percentage point a month earlier and down 0.25 percentage point year on year.

6. Official foreign exchange reserves stood at US$3.2 trillion

At end-2024, China's foreign exchange reserves stood at US$3.2 trillion and the RMB exchange rate was 7.1884 yuan per US dollar.

7. RMB cross-border trade settlement and RMB settlement of direct investment reached 16.27 trillion yuan and 8.25 trillion yuan respectively in 2024

In 2024, RMB settlement in cross-border trade in goods, cross-border trade in services and other current accounts, outward FDI and inward FDI amounted to 12.39 trillion yuan, 3.88 trillion yuan , 3.01 trillion yuan and 5.24 trillion yuan respectively.

Note 1: AFRE (flow) refers to the total volume of financing provided by the financial system to the real economy during a certain period of time. In the calculation of AFRE, data are from the PBC, NFRA, CSRC, CCDC and NAFMII.

Note 2: From December 2022, e-CNY in Circulation has been covered in Currency in Circulation.The amount of e-CNY in Circulation at end December 2022 is RMB 13.61 billion yuan. After applying the new method, M1 and M2 growth rates remain unchanged, M0 growth rates in 2022 are updated correspondingly:

Date	2022.01	2022.02	2022.03	2022.04	2022.05	2022.06
M0	18.5%	5.8%	10.0%	11.5%	13.5%	13.9%
Date	2022.07	2022.08	2022.09	2022.10	2022.11	2022.12
M0	13.9%	14.3%	13.6%	14.4%	14.1%	15.3%

Note 3: As of January 2023, three kinds of non-depository financial institutions, i.e., the Consumer Finance Companies, the Wealth Management Companies and the Financial Asset Investment Companies have been included in the coverage of financial statistics of the People's Bank of China. At the end of January 2023, the loans by the three institutions amounted to 841 billion yuan, increased by 5.7 billion yuan compared with the end of last month. The deposit reached 22.2 billion yuan, increased by 2.7 billion yuan compared with the end of last month. The data are calculated on a comparative basis.

Note 4: As of note 3, the item"RMB Loans to Real Economy" and "Loans Written-off" in AFRE have been adjusted accordingly. At the end of January 2023, the balance of RMB loans to real economy by the three institutions amounted to 841 billion yuan, increased by 5.7 billion yuan compared with the end of last month. The balance of loans written-off reached 170.6 billion yuan, increased by 3 billion yuan compared with the end of last month.The data are calculated on a comparative basis.

3.2 景气状况分析：2024 年四季度
Business Climate Analysis: 2024 Q4

宏观经济热度回升

Recovery in Macroeconomic Momentum

第 134 次企业家问卷调查①统计显示，2024 年四季度，宏观经济热度指数止跌回升，企业经营景气和盈利指数均有所提升。市场需求边际改善，企业订单指数、设备利用率和投资指数均有所回升。金融对实体经济支持力度进一步增强，企业融资获得感受继续向好，融资成本持续下行。

企业经营景气指数*②为 51.0%，比上季度上升 2.0 个百分点（见企业景气指数趋势图）。

调查的 27 个行业中，企业景气指数高于全国平均水平的有 11 个行业，分别为：（1）石油和天然气开采业；（2）金属矿采选业；（3）医药制造业；（4）电气机械及家电制造业；（5）食品饮料烟酒制造业；（6）橡胶制品业；（7）电气热的生产和供应业；（8）交通运输设备制造业；（9）电子及通信设备制造业；（10）有色金属冶炼及压延加工业；（11）金属制品业。

According to the result of the 134th Entrepreneur's Questionnaire Survey①, in 2024 Q4, the entrepreneur macroeconomic heat index has halted its decline and begun to rise, with both the business climate and profitability indices showing improvement. Market demand has slightly improved, as evidenced by the recovery in corporate order indices, equipment utilization rates, and investment indices. Financial support for the real economy has further strengthened, with enterprises continuing to experience better access to financing and a sustained decline in financing costs.

The business climate index*② increased to 51.0%, up by 2.0 percentage points from the previous quarter (See the tendency chart of enterprises climate index).

The climate indices of 11 industries out of 27 surveyed industries surpassed the national average, which includes: (1) Petroleum and Natural Gas Extraction; (2) Metals Mining and Dressing; (3) Medical and Pharmaceutical Products; (4) Manufacture of Electrical Machinery and Household Appliances; (5) Manufacture of Food, Beverage and Tobacco; (6) Rubber Products; (7) Power, Gas and Heat Production and Supply; (8) Manufacture of Transport Equipment; (9) Communication Equipment, Computers and Other Electronic Equipment Production; (10) Smelting and Pressing of Nonferrous Metals; (11) Metal Products.

企业景气指数趋势图

The Trend of Climate Index of Enterprises

① 始自1992年的中国人民银行企业家问卷调查系统，截至2024年四季度已连续进行了134次调查。2024年四季度企业家问卷调查，共汇总有效问卷5000余份。

① The PBC Entrepreneurs Questionnaire Survey System started as of 1992 and this is the 134th Questionnaire Survey conducted in 2024 Q4 . There are more than 5000 effective questionnaires for this quarter.

② 景气指数又称为扩散指数（DI），是对景气调查中定性指标的量化描述，用于反映该指标所处的状态，以％为单位（百分化以后），其数值为0～100。一般而言，指数上升可反映企业经营环境在改善，企业家的信心在增强，指数下降则相反。

② Climate Index or Diffusion Index (DI), is a quantitative indicator for qualitative answers to questions in the questionnaire, which is used to explain the status of the qualitative questions. Measured in percent, the index ranges from 0 to 100. Generally speaking, it shows that business condition is improving and entrepreneurs' confidence turns upward when DI ascends, and vice versa.

* 原称"企业总体经营指数"，也称"企业经营景气指数"。

* The former name of the "Climate Index of Enterprises" is the "General Business Condition Index".

2024 年四季度宏观经济运行监测

China's Macroeconomic Performance in 2024 Q4

2024 年，我国国民经济运行总体平稳，稳中有进。工业生产增势较好，固定资产投资规模扩大，消费保持增长，进出口较快增长，CPI 总体平稳，财政收支总体平稳。

经济运行总体平稳。2024 年全年国内生产总值为 1349084 亿元，其中四季度，国内生产总值为 373726 亿元，按不变价格计算，四季度国内生产总值同比增长 5.4%。从环比来看，四季度国内生产总值增长 1.6%。

工业生产较快增长，企业利润降幅收窄。2024 年，全国规模以上工业增加值同比增长 5.8%，比上年同期加快 1.2 个百分点。12 月，规模以上工业增加值同比增长 6.2%，环比增长 0.64%。2024 年，发电量同比增长 4.6%，比上年同期低 0.6 个百分点。全国规模以上工业企业利润同比下降 3.3%，降幅较前三季度收窄 0.2 个百分点。

固定资产投资规模扩大，消费保持增长。2024 年，固定资产投资（不含农户）同比增长 3.2%，比上年高 0.2 个百分点。其中，基础设施投资同比增长 4.4%，比上年低 1.5 个百分点；制造业投资同比增长 9.2%，比上年高 2.7 个百分点。2024 年，社会消费品零售总额同比增长 3.5%，比前三季度高 0.2 个百分点。

货物进出口较快增长。2024 年，进出口总额同比增长 5.0%，比上年同期高 4.8 个百分点。其中，出口同比增长 7.1%，比上年高 6.5 个百分点；进口同比增长 2.3%，比上年高 2.6 个百分点。贸易顺差为 70623 亿元，同比增长 22.2%。

CPI 温和回升。2024 年，全国居民消费价格（CPI）同比增长 0.2%，增幅与上年持平。12 月，CPI 同比上涨 0.1%，增幅比上年同期扩大 0.4 个百分点。

财政收入边际改善，财政支出平稳增长。2024 年，全国财政收入同比增长 1.3%，增幅较前三季度增加 3.5 个百分点，其中税收收入同比下降 3.4%，降幅较前三季度收窄 1.9 个百分点。全国财政支出同比增长 3.6%，涨幅较三季度增加 1.6 个百分点。2024 年全国财政收支赤字为 64910 亿元，比上年同期多 7120 亿元。

在当前形势下，要实施适度宽松的货币政策，密切观察政策效果及经济恢复、目标实现情况，加强逆周期调节，充实完善货币政策工具箱，增强宏观政策取向一致性，持续推动经济实现质的有效提升和量的合理增长。

In 2024, China's national economy maintained stable and witnessed an increase. Industrial production grew steadily, the scale of investment in fixed assets expanded, consumption continued to grow, imports and exports of goods grew rapidly, CPI increased at a slow pace, fiscal revenue and expenditure was generally stable.

Economic maintained stable. According to preliminary estimates, the gross domestic product (GDP) was 134908.4 billion yuan in 2024. In the fourth quarter of 2024, the GDP was 37372.6 billion yuan which increased by 5.4% year on year and 1.6% quarter on quarter at constant prices.

Industrial production grew faster, and the decline in corporate profits has narrowed. In 2024, the total value added of industrial enterprises above the designated size grew by 5.8% year on year, 1.2 percentage points higher than last year. In December, the total value added of industrial enterprises above the designated size grew by 6.2% year on year and 0.64% month on month. The power generation increased by 4.6% year on year, 0.6 percentage point lower than last year. The profits of industrial enterprises above designated size increased by -3.3% year on year, 0.2 percentage point higher than the first three quarters of 2024.

The scale of investment in fixed assets expanded, and consumption continued to grow. In 2024, the investment in fixed assets (excluding rural households) grew by 3.2% year on year, 0.2 percentage point higher than last year. Specifically, investment in infrastructure grew by 4.4% year on year, 1.5 percentage points lower than last year; that in manufacturing up by 9.2% year on year, 2.7 percentage points higher than last year. The total retail sales of consumer goods grew by 3.5% year on year, 0.2 percentage point higher than the first three quarters of 2024.

Imports and exports of goods grew rapidly. In 2024, the total value of imports and exports of goods increased by 5.0% year on year, 4.8 percentage points higher than the same period of last year. Specifically, the total value of exports up by 7.1% year on year, 6.5 percentage points higher than last year, and the total value of imports up by 2.3% year on year, 2.6 percentage points higher than the same period of last year. The trade balance was 7062.3 billion yuan in surplus , up by 22.2% year on year.

Consumer price saw a mild pick-up. In 2024, CPI rose by 0.2% year on year, maintaining the same growth rate in 2023. In December, CPI increased by 0.1% year on year, 0.4 percentage point higher than the same period of last year.

Fiscal revenue improved and fiscal expenditure grew steadily. In 2024, the national fiscal revenue increased by 1.3% year on year, 3.5 percentage points higher than the first three quarters of 2024. Specifically, tax revenue increased by -3.4% year on year, 1.9 percentage points higher than the first three quarters of 2024. National fiscal expenditure grew by 3.6% year on year, 1.6 percentage points higher than the first three quarters of 2024. In 2024, the national fiscal deficit was 6491 billion yuan, 712 billion yuan more than last year.

In the current situation, we should follow an appropriately accommodative monetary policy, closely monitor the policy effects, economic recovery and target realization, strengthen counter-cyclical adjustments, make good use of monetary policy tools, enhance the consistency of macro policy, and continuously promote the growth of economic in quantity and quality.

4.1 ■ 全国银行间同业拆借交易统计表
Statistics of Interbank Lending

单位：亿元，%
Unit: 100 Million Yuan，%

时间 Time	1 天 1-day		7 天 7-day		14 天 14-day	
	交易量 Trading Volume	加权平均利率 Weighted Average Interest Rate	交易量 Trading Volume	加权平均利率 Weighted Average Interest Rate	交易量 Trading Volume	加权平均利率 Weighted Average Interest Rate
2017	679807		80521		12750	
2018	1255458		102943		12881	
2019	1386203		100603		11898	
2020	1327283		113094		12191	
2021	1060152		103946		9663	
2022.01	97045	1.94	9439	2.42	2527	2.43
2022.02	77621	2.01	7770	2.39	437	2.25
2022.03	91871	2.01	11631	2.37	970	2.35
2022.04	94813	1.54	12421	2.06	979	2.03
2022.05	107234	1.44	11626	1.89	801	1.84
2022.06	125798	1.51	10779	1.98	707	1.87
2022.07	133486	1.30	11223	1.80	596	1.77
2022.08	160258	1.19	11793	1.67	711	1.54
2022.09	134353	1.35	10765	1.90	2616	2.04
2022.10	95837	1.33	10370	1.97	955	1.83
2022.11	91389	1.49	10869	1.98	671	2.01
2022.12	99601	1.13	11536	2.10	889	2.41
2023.01	89057	1.32	8935	2.15	1330	2.46
2023.02	86407	1.87	7965	2.37	374	2.38
2023.03	121294	1.64	9066	2.36	417	2.50
2023.04	108312	1.62	10942	2.30	596	2.26
2023.05	138223	1.44	11635	2.05	499	2.04
2023.06	125453	1.50	11528	2.15	440	2.19
2023.07	131477	1.43	12080	2.00	363	2.04
2023.08	117508	1.67	11240	2.04	698	1.98
2023.09	88969	1.80	9000	2.28	1072	2.67
2023.10	74323	1.87	9573	2.24	502	2.33
2023.11	96291	1.84	10918	2.27	373	2.37
2023.12	102640	1.71	13486	2.12	746	2.45
2024.01	94845	1.78	12003	2.13	419	2.18
2024.02	50990	1.78	9819	2.11	1315	2.13
2024.03	78892	1.83	10500	2.13	439	2.27
2024.04	77147	1.82	13773	2.06	898	2.07
2024.05	67130	1.82	11969	1.96	453	1.96
2024.06	63536	1.84	10313	2.02	438	2.02
2024.07	81197	1.79	12169	1.91	380	1.93
2024.08	76819	1.75	12285	1.86	342	1.90
2024.09	60443	1.74	13004	1.88	937	1.98
2024.10	71226	1.55	10927	1.82	317	1.93
2024.11	76975	1.51	10878	1.78	379	1.87
2024.12	68662	1.52	12013	1.79	470	1.93

4.1 全国银行间同业拆借交易统计表
Statistics of Interbank Lending

单位：亿元，%
Unit: 100 Million Yuan，%

时间 Time	21 天 21-day		1 个月 1-month		2 个月 2-month	
	交易量 Trading Volume	加权平均利率 Weighted Average Interest Rate	交易量 Trading Volume	加权平均利率 Weighted Average Interest Rate	交易量 Trading Volume	加权平均利率 Weighted Average Interest Rate
2017	3126		5079		5063	
2018	4141		5038		4205	
2019	2628		4562		3614	
2020	1789		7108		3077	
2021	1673		3048		1862	
2022.01	192	2.52	496	2.63	481	2.59
2022.02	102	2.28	337	2.54	147	2.85
2022.03	112	2.38	566	2.51	142	2.90
2022.04	150	2.27	229	2.58	160	2.68
2022.05	107	1.89	278	2.32	130	2.42
2022.06	142	1.89	206	2.14	261	2.15
2022.07	97	1.85	197	2.04	99	2.00
2022.08	57	1.53	287	1.72	54	1.85
2022.09	347	1.85	251	1.98	376	1.87
2022.10	187	1.75	368	2.02	102	2.10
2022.11	139	2.05	231	2.09	141	2.43
2022.12	103	2.43	331	2.60	218	2.58
2023.01	536	2.47	897	2.24	285	2.44
2023.02	44	2.53	233	2.48	168	2.80
2023.03	120	2.50	169	2.72	65	2.95
2023.04	42	2.68	173	2.58	73	2.59
2023.05	78	2.19	293	2.51	113	2.67
2023.06	89	2.19	227	2.37	257	2.30
2023.07	43	2.11	333	2.36	68	2.32
2023.08	60	1.98	298	2.16	83	2.32
2023.09	142	2.61	325	2.48	155	2.64
2023.10	41	2.37	375	2.58	95	2.55
2023.11	80	2.45	317	2.69	110	2.74
2023.12	94	2.89	453	2.94	121	2.91
2024.01	81	2.43	265	2.66	198	2.52
2024.02	188	2.29	324	2.42	178	2.43
2024.03	54	2.17	242	2.37	158	2.47
2024.04	70	2.04	269	2.21	145	2.34
2024.05	85	2.00	378	2.09	160	2.15
2024.06	137	1.97	478	2.08	181	2.10
2024.07	57	1.92	595	2.01	199	2.05
2024.08	84	1.84	476	1.95	147	1.94
2024.09	225	2.03	436	2.01	239	2.00
2024.10	190	1.95	423	2.00	141	2.04
2024.11	256	1.89	471	1.95	206	2.00
2024.12	41	1.86	371	1.96	175	1.92

4.1 ■ 全国银行间同业拆借交易统计表
Statistics of Interbank Lending

单位：亿元，%

Unit: 100 Million Yuan，%

时间 Time	3 个月 3-month		4 个月 4-month		6 个月 6-month	
	交易量 Trading Volume	加权平均利率 Weighted Average Interest Rate	交易量 Trading Volume	加权平均利率 Weighted Average Interest Rate	交易量 Trading Volume	加权平均利率 Weighted Average Interest Rate
2017	2180		475		377	
2018	5136		1214		996	
2019	5011		664		473	
2020	4931		316		842	
2021	6177		419		709	
2022.01	519	3.32	34	3.70	64	3.50
2022.02	485	3.20	65	3.72	30	3.17
2022.03	714	3.17	9	3.07	40	3.26
2022.04	565	2.99	15	3.24	53	3.23
2022.05	574	2.81	7	2.70	38	2.93
2022.06	596	2.76	12	2.80	43	3.16
2022.07	512	2.79	22	2.49	52	2.85
2022.08	417	2.50	13	2.24	40	2.84
2022.09	535	2.36	26	2.77	30	2.65
2022.10	525	2.43	6	2.37	25	2.76
2022.11	570	2.68	9	3.14	22	2.92
2022.12	673	2.79	42	3.16	35	3.04
2023.01	562	2.90	101	2.38	215	2.45
2023.02	608	2.94	80	3.03	36	2.97
2023.03	631	3.05	12	3.15	32	2.96
2023.04	578	2.89	5	3.19	21	2.90
2023.05	555	2.98	4	2.66	32	2.85
2023.06	722	2.81	6	2.70	29	2.81
2023.07	613	2.57	15	2.53	29	2.79
2023.08	546	2.63	9	2.63	31	2.69
2023.09	710	2.64	11	2.85	17	2.58
2023.10	546	2.73	5	2.60	26	2.80
2023.11	626	2.88	12	2.95	23	3.04
2023.12	690	3.02	10	2.94	91	2.76
2024.01	578	2.79	14	2.75	30	2.67
2024.02	475	2.69	77	2.61	18	2.42
2024.03	684	2.53	36	2.30	54	2.40
2024.04	537	2.49	11	2.69	41	2.19
2024.05	625	2.32	2	2.12	33	2.38
2024.06	619	2.23	6	2.22	18	2.33
2024.07	589	2.21	11	2.26	41	2.11
2024.08	540	2.04	10	2.12	23	2.04
2024.09	662	2.06	11	2.31	46	2.01
2024.10	456	2.10	6	2.16	25	2.16
2024.11	744	2.04	12	2.12	58	2.28
2024.12	711	2.00	42	2.31	32	2.20

4.1 ■ 全国银行间同业拆借交易统计表
Statistics of Interbank Lending

单位：亿元，%
Unit: 100 Million Yuan，%

时间 Time	9 个月 9-month		1 年 1-year		交易量合计 Trading Volume	加权平均利率 Weighted Average Interest Rate
	交易量 Trading Volume	加权平均利率 Weighted Average Interest Rate	交易量 Trading Volume	加权平均利率 Weighted Average Interest Rate		
2017	103		329		789811	
2018	323		653		1392987	
2019	180		538		1516374	
2020	295		498		1471425	
2021	187		372		1188208	
2022.01	22	3.44	54	3.72	110874	2.01
2022.02	16	3.42	24	3.49	87033	2.06
2022.03	20	3.31	40	3.39	106115	2.07
2022.04	23	3.36	24	3.45	109430	1.62
2022.05	11	3.15	30	3.25	120836	1.50
2022.06	11	3.32	43	3.06	138600	1.56
2022.07	21	3.15	57	3.09	146362	1.35
2022.08	5	2.75	36	3.02	173673	1.23
2022.09	7	2.72	21	2.70	149328	1.41
2022.10	3	2.40	20	2.88	108398	1.41
2022.11	14	2.84	32	2.98	104087	1.55
2022.12	5	3.21	48	3.40	113480	1.26
2023.01	23	3.15	58	3.41	101999	1.44
2023.02	22	3.02	49	3.09	95985	1.92
2023.03	14	3.07	55	3.37	131875	1.70
2023.04	21	3.02	31	3.39	120793	1.69
2023.05	16	2.90	46	3.13	151494	1.50
2023.06	5	3.01	36	3.29	138793	1.57
2023.07	8	2.72	37	3.05	145065	1.49
2023.08	14	2.86	26	2.71	130513	1.71
2023.09	1	2.64	18	2.77	100421	1.87
2023.10	3	2.89	29	3.01	85517	1.92
2023.11	1	3.05	41	3.14	108791	1.89
2023.12	3	3.34	57	3.23	118391	1.78
2024.01	30	2.77	57	3.00	108521	1.83
2024.02	15	2.59	41	2.81	63440	1.85
2024.03	7	2.46	56	2.68	91120	1.88
2024.04	26	2.31	27	2.83	92944	1.87
2024.05	7	2.51	51	2.42	80890	1.85
2024.06	6	2.37	42	2.41	75772	1.87
2024.07	6	2.25	32	2.39	95277	1.81
2024.08	20	2.13	95	2.13	90841	1.77
2024.09	16	2.18	24	2.32	76041	1.78
2024.10	26	2.01	23	2.21	83760	1.59
2024.11	16	2.25	23	2.30	90019	1.55
2024.12	6	2.29	102	2.08	82626	1.57

4.2 全国银行间质押式回购交易统计表
Statistics of Interbank Pledged Repo

单位：亿元，%
Unit: 100 Million Yuan，%

时间 Time	1 天 1-day		7 天 7-day		14 天 14-day	
	交易量 Trading Volume	加权平均利率 Weighted Average Interest Rate	交易量 Trading Volume	加权平均利率 Weighted Average Interest Rate	交易量 Trading Volume	加权平均利率 Weighted Average Interest Rate
2017	4747267		763744		236560	
2018	5782657		860144		244165	
2019	6901147		785310		238267	
2020	8070714		1004077		280340	
2021	8785954		1225082		268012	
2022.01	846498	1.97	86004	2.29	51645	2.60
2022.02	699000	2.03	79463	2.25	12936	2.30
2022.03	901299	2.01	126666	2.41	29236	2.65
2022.04	865921	1.53	138386	1.96	26370	2.08
2022.05	958624	1.42	131075	1.77	18733	1.86
2022.06	1099915	1.52	124051	1.93	23262	2.01
2022.07	1173846	1.29	120494	1.67	14406	1.77
2022.08	1359053	1.20	138566	1.57	17497	1.63
2022.09	1137677	1.36	99182	1.67	68720	2.64
2022.10	853700	1.40	95913	1.90	15844	1.86
2022.11	1004590	1.55	146505	1.96	20196	2.04
2022.12	975845	1.18	137003	2.45	33635	3.29
2023.01	825615	1.41	64662	2.08	50933	2.70
2023.02	950216	2.01	135863	2.41	14963	2.53
2023.03	1264153	1.73	147363	2.63	26305	2.86
2023.04	1133670	1.67	149156	2.34	29239	2.50
2023.05	1373132	1.48	159360	2.02	14748	2.15
2023.06	1346055	1.58	172087	2.28	26507	2.32
2023.07	1520903	1.49	132236	2.00	14989	2.07
2023.08	1531579	1.73	146907	1.99	16616	2.02
2023.09	1177715	1.84	101162	2.09	59100	3.78
2023.10	1019799	2.01	125793	2.40	17415	2.64
2023.11	1226066	1.90	163671	2.44	21199	2.55
2023.12	1238006	1.76	150927	2.62	34183	3.63
2024.01	1476982	1.85	165977	2.25	14694	2.36
2024.02	827486	1.81	128903	2.10	84406	2.24
2024.03	1262689	1.87	158061	2.13	23072	2.31
2024.04	1124339	1.84	207601	1.98	40074	2.02
2024.05	1008229	1.81	170377	1.88	14667	1.92
2024.06	997602	1.86	144387	2.02	25226	2.05
2024.07	1286052	1.81	159969	1.90	21296	1.92
2024.08	1249233	1.77	159040	1.89	18277	1.92
2024.09	1001616	1.79	176680	1.93	72267	2.15
2024.10	1173647	1.60	184364	1.91	17338	2.02
2024.11	1418320	1.56	159308	1.82	16870	1.87
2024.12	1436810	1.60	185411	1.94	30097	2.01

4.2 全国银行间质押式回购交易统计表
Statistics of Interbank Pledged Repo

单位：亿元，%
Unit: 100 Million Yuan，%

时间 Time	21 天 21-day		1 个月 1-month		2 个月 2-month	
	交易量 Trading Volume	加权平均利率 Weighted Average Interest Rate	交易量 Trading Volume	加权平均利率 Weighted Average Interest Rate	交易量 Trading Volume	加权平均利率 Weighted Average Interest Rate
2017	56307		36925		27043	
2018	125046		41939		21303	
2019	104249		43621		17956	
2020	107875		47176		10102	
2021	70103		42764		9989	
2022.01	8378	2.57	5997	2.60	2069	2.59
2022.02	2243	2.41	1836	2.41	834	2.50
2022.03	5211	2.49	4410	2.50	666	2.60
2022.04	4033	2.19	2947	2.31	368	2.57
2022.05	2381	2.04	2543	2.05	567	2.21
2022.06	3823	1.98	3418	2.01	438	2.18
2022.07	2024	1.86	2683	1.88	463	2.01
2022.08	2310	1.68	2714	1.65	573	1.78
2022.09	13951	2.17	5087	1.93	1585	1.89
2022.10	2226	1.79	2399	1.85	408	2.01
2022.11	2080	1.97	3673	2.01	625	2.13
2022.12	8214	2.86	5318	2.78	1218	2.89
2023.01	16541	2.72	9488	2.39	530	2.68
2023.02	1342	2.39	1866	2.45	781	2.52
2023.03	2614	2.74	3038	2.72	539	2.73
2023.04	1742	2.52	1738	2.54	573	2.59
2023.05	1222	2.19	1254	2.34	657	2.45
2023.06	2839	2.29	2460	2.25	466	2.29
2023.07	1233	2.13	1311	2.23	310	2.25
2023.08	1422	2.01	1210	2.04	341	2.21
2023.09	18926	3.13	4844	2.70	1325	2.41
2023.10	1469	2.39	2066	2.34	374	2.42
2023.11	1527	2.38	2375	2.39	472	2.49
2023.12	5101	3.27	4961	3.17	502	3.12
2024.01	2665	2.42	3122	2.48	1452	2.52
2024.02	11578	2.41	1179	2.36	324	2.33
2024.03	3676	2.29	2004	2.24	346	2.26
2024.04	2629	2.04	2315	2.09	375	2.12
2024.05	1067	1.96	1603	1.97	238	2.02
2024.06	1395	2.00	1571	1.99	170	1.99
2024.07	1276	1.91	2001	1.92	279	1.92
2024.08	1115	1.90	2028	1.89	240	1.91
2024.09	12208	2.11	2900	2.06	326	2.01
2024.10	1000	2.06	2301	2.00	363	1.96
2024.11	1223	1.91	2063	1.87	260	2.03
2024.12	2789	2.04	3830	1.96	311	1.88

4.2 ■ 全国银行间质押式回购交易统计表
Statistics of Interbank Pledged Repo

单位：亿元，%
Unit: 100 Million Yuan，%

时间 Time	3 个月 3-month		4 个月 4-month		6 个月 6-month	
	交易量 Trading Volume	加权平均利率 Weighted Average Interest Rate	交易量 Trading Volume	加权平均利率 Weighted Average Interest Rate	交易量 Trading Volume	加权平均利率 Weighted Average Interest Rate
2017	8445		3533		1694	
2018	7699		2887		655	
2019	5961		2764		1333	
2020	3590		1429		1135	
2021	1489		662		260	
2022.01	82	3.05	27	2.63	11	2.52
2022.02	128	2.66	46	2.49	20	2.55
2022.03	285	2.58	42	2.49	0	4.50
2022.04	220	2.50	5	2.91	9	3.68
2022.05	245	2.23	25	2.17	14	2.11
2022.06	156	2.27	20	2.42	45	2.23
2022.07	321	2.07	179	2.08	22	2.15
2022.08	316	1.90	1	1.53	23	1.92
2022.09	381	1.82	11	2.16	5	2.10
2022.10	249	2.02	21	2.03	—	—
2022.11	336	2.37	181	2.34	44	2.55
2022.12	373	2.70	283	2.59	46	2.86
2023.01	158	2.60	88	2.62	359	2.35
2023.02	342	2.61	94	2.56	109	2.56
2023.03	463	2.71	80	2.71	31	2.80
2023.04	323	2.60	26	2.48	3	2.80
2023.05	303	2.48	12	2.44	34	2.49
2023.06	440	2.28	153	2.32	59	2.28
2023.07	349	2.21	302	2.24	12	2.42
2023.08	524	2.14	27	2.15	—	—
2023.09	470	2.36	29	2.49	45	2.55
2023.10	182	2.55	36	2.64	9	2.68
2023.11	245	2.74	85	2.82	86	2.69
2023.12	330	2.92	143	2.88	116	2.74
2024.01	704	2.51	30	2.52	1	2.51
2024.02	250	2.33	63	2.45	9	2.43
2024.03	754	2.26	10	2.24	18	2.37
2024.04	522	2.14	5	2.10	2	2.41
2024.05	399	2.04	24	2.04	8	2.51
2024.06	187	2.01	11	2.11	2	2.55
2024.07	190	1.94	280	1.95	7	2.27
2024.08	567	1.90	81	1.87	2	2.03
2024.09	445	1.96	24	1.97	7	2.02
2024.10	40	2.04	—	—	4	2.50
2024.11	495	1.99	7	1.97	27	1.96
2024.12	362	1.88	320	1.88	22	1.97

4.2 ■ 全国银行间质押式回购交易统计表
Statistics of Interbank Pledged Repo

单位：亿元，%
Unit: 100 Million Yuan，%

时间 Time	9 个月 9-month		1 年 1-year		交易量合计 Trading Volume	加权平均利率 Weighted Average Interest Rate
	交易量 Trading Volume	加权平均利率 Weighted Average Interest Rate	交易量 Trading Volume	加权平均利率 Weighted Average Interest Rate		
2017	777		309		5882606	
2018	151		81		7086726	
2019	216		62		8100887	
2020	420		301		9527158	
2021	125		73		10404513	
2022.01	—	—	1	3.50	1000714	2.04
2022.02	0	2.50	2	2.80	796508	2.06
2022.03	—	—	4	2.77	1067819	2.08
2022.04	10	2.70	23	2.67	1038291	1.61
2022.05	7	2.41	62	2.62	1114275	1.47
2022.06	35	2.33	3	2.30	1255165	1.57
2022.07	35	2.23	2	3.03	1314474	1.33
2022.08	4	1.97	1	3.10	1521059	1.24
2022.09	—	—	1	2.25	1326601	1.46
2022.10	1	2.13	1	2.85	970760	1.46
2022.11	4	2.58	1	2.65	1178236	1.61
2022.12	6	2.97	5	2.70	1161947	1.41
2023.01	1	3.00	12	2.67	968386	1.56
2023.02	6	2.71	26	2.82	1105609	2.07
2023.03	22	2.80	7	2.87	1444613	1.85
2023.04	2	2.61	1	2.85	1316474	1.77
2023.05	—	—	3	2.90	1550727	1.55
2023.06	69	2.33	—	—	1551134	1.67
2023.07	2	2.85	4	2.76	1671651	1.53
2023.08	5	2.30	5	2.30	1698636	1.76
2023.09	42	2.59	8	2.31	1363667	1.96
2023.10	1	2.60	2	2.85	1167146	2.06
2023.11	2	2.70	—	—	1415728	1.98
2023.12	7	2.80	2	3.10	1434277	1.90
2024.01	—	—	6	2.60	1665633	1.90
2024.02	20	2.37	2	2.48	1054218	1.89
2024.03	1	2.45	6	2.44	1450637	1.91
2024.04	1	2.08	—	—	1377861	1.86
2024.05	10	2.14	1	2.25	1196623	1.82
2024.06	3	2.10	5	2.21	1170559	1.89
2024.07	—	—	8	2.24	1471357	1.82
2024.08	—	—	1	2.45	1430585	1.79
2024.09	2	2.03	5	1.84	1266478	1.83
2024.10	—	—	4	2.18	1379060	1.65
2024.11	7	1.95	—	—	1598580	1.59
2024.12	3	1.92	—	—	1659954	1.65

4.3 ■ 国内各类债券发行统计表
Statistics of Debt Securities Issue

单位：亿元
Unit: 100 Million Yuan

时间 Time	政府债券 Government Securities	中央银行票据 Central Bank Bills	金融债券 Financial Bonds	公司信用类债券 Corporate Debenture Bonds	各类债券合计 Total
2020	135293	0	291539	142012	569397
2021	142662	0	323516	146804	613839
2022.01	11649	0	19503	14909	46146
2022.02	9871	0	26652	7911	44508
2022.03	12786	0	32531	14374	59771
2022.04	10502	0	26138	13602	50278
2022.05	17693	0	23550	7712	49052
2022.06	24377	0	29135	11646	65295
2022.07	14599	0	22372	11604	48609
2022.08	14290	0	25713	12505	52632
2022.09	12316	0	27904	11328	51632
2022.10	14959	0	19758	11226	45989
2022.11	12002	0	27976	10843	50847
2022.12	15676	0	24963	9059	49699
2023.01	10620	0	16035	9212	35876
2023.02	14015	0	32792	9661	56518
2023.03	16013	0	38212	16870	71231
2023.04	15013	0	32432	14942	62589
2023.05	15391	0	31475	8036	55126
2023.06	15829	0	33272	12752	61939
2023.07	16396	0	30363	11679	58609
2023.08	21799	0	29317	14490	65785
2023.09	19863	0	29337	10875	60197
2023.10	26591	0	25959	9740	62393
2023.11	19773	0	35360	10689	65932
2023.12	12909	0	29863	9262	52069
2024.01	10928	0	28891	13737	53709
2024.02	12344	0	26922	7057	46528
2024.03	16085	0	39285	16675	72277
2024.04	14082	0	39853	14743	68810
2024.05	17699	0	42273	7871	67932
2024.06	20861	0	38903	12220	72228
2024.07	17724	0	35696	13542	67204
2024.08	25967	0	32204	13765	71978
2024.09	26853	0	37482	12035	76553
2024.10	19358	0	24908	9893	54329
2024.11	16638	0	36473	13707	66970
2024.12	23920	0	41311	12469	77716

注：公司信用类债券包括非金融企业债务融资工具、企业债及公司债、可转债等。自 2015 年起，金融债券数据中包含同业存单数据。

Note: Corporate debenture bonds include non-financial enterprise financing instruments, enterprise bonds, corporate bonds, convertible bonds, etc.. NCDs have been included in financial bonds since 2015.

4.4 ■ 国内各类债券余额统计表
Statistics of Debt Securities Outstanding

单位：亿元
Unit: 100 Million Yuan

时间 Time	政府债券 Government Securities	中央银行票据 Central Bank Bills	金融债券 Financial Bonds	公司信用类债券 Corporate Debenture Bonds	国际机构债券 International Institution Bonds	各类债券合计 Total
2020	460911	150	415080	289472	1588	1167200
2021	532744	150	482241	314477	1494	1331106
2022.01	538770	150	484186	320456	1549	1345111
2022.02	541492	150	493401	323380	1594	1360016
2022.03	548566	150	499099	325876	1584	1375275
2022.04	552613	150	496788	328385	1571	1379507
2022.05	563195	150	495741	327986	1613	1388685
2022.06	579411	150	503046	329730	1670	1414007
2022.07	583409	150	500633	330004	1660	1415856
2022.08	586754	150	502587	329551	1704	1420747
2022.09	592337	150	512826	329141	1773	1436228
2022.10	595129	150	511789	330116	1798	1438981
2022.11	601662	150	509513	329385	1738	1442448
2022.12	604602	150	515874	323177	1601	1445404
2023.01	608742	150	513125	323456	1591	1447063
2023.02	616880	150	517913	326094	1636	1462673
2023.03	623034	150	521170	326952	1703	1473009
2023.04	628386	150	527305	327492	1815	1485147
2023.05	634222	150	529776	325009	1994	1491150
2023.06	639673	150	533942	325301	1786	1500851
2023.07	643836	150	541297	326213	1897	1513393
2023.08	655726	150	541576	327079	2030	1526561
2023.09	665646	150	543228	325876	2052	1536951
2023.10	681284	150	541653	325555	2118	1550760
2023.11	693077	150	546200	325185	2069	1566682
2023.12	702779	150	550899	320908	2004	1576740
2024.01	705726	150	559066	325723	2127	1592793
2024.02	711738	150	559999	324097	2307	1598290
2024.03	716424	150	560543	326657	2366	1606140
2024.04	715487	150	567901	325964	2470	1611972
2024.05	727754	150	579436	326044	2451	1635835
2024.06	736230	150	584889	327153	2395	1650818
2024.07	743111	150	590407	328189	2602	1664459
2024.08	759287	150	589850	328461	2604	1680352
2024.09	774645	148	595153	327154	2682	1699782
2024.10	785141	145	598998	327235	2770	1714288
2024.11	798229	133	605969	328764	2902	1735998
2024.12	815795	121	621999	329230	2866	1770011

注：本表含在境内发行的美元债券，公司信用类债券包括非金融企业债务融资工具、企业债券及公司债、可转债等。自2015年起，金融债券数据中包含同业存单数据。

Note: The sheet include the dollar bonds issued in the territory. Corporate debenture bonds include non-financial enterprise financing instruments, enterprise bonds, corporate bonds, convertible bonds, etc.. NCDs have been included in financial bonds since 2015.

4.5 ■ 人民币汇率统计表
Statistics of Exchange Rate

单位：外币／元人民币
Unit: USD，HKD，100 JPY and EURO/RMB

时间 Time	美元 USD		港元 HKD	
	平均汇率 （美元／人民币） Average Exchange Rate (USD/RMB)	期末汇率 （美元／人民币） End-of-period Exchange Rate (USD/RMB)	平均汇率 （港元／人民币） Average Exchange Rate (HKD/RMB)	期末汇率 （港元／人民币） End-of-period Exchange Rate (HKD/RMB)
2017		6.5342		0.8359
2018		6.8632		0.8762
2019		6.9762		0.8958
2020		6.5249		0.8416
2021		6.3757		0.8176
2022.01	6.3588	6.3746	0.8161	0.8182
2022.02	6.3470	6.3222	0.8137	0.8093
2022.03	6.3457	6.3482	0.8112	0.8110
2022.04	6.4280	6.6177	0.8197	0.8434
2022.05	6.7071	6.6607	0.8545	0.8487
2022.06	6.6991	6.7114	0.8536	0.8552
2022.07	6.7324	6.7437	0.8578	0.8591
2022.08	6.7949	6.8906	0.8660	0.8779
2022.09	6.9621	7.0998	0.8870	0.9044
2022.10	7.1287	7.1768	0.9082	0.9143
2022.11	7.1628	7.1769	0.9146	0.9187
2022.12	6.9833	6.9646	0.8968	0.8933
2023.01	6.7976	6.7604	0.8696	0.8627
2023.02	6.8296	6.9519	0.8705	0.8860
2023.03	6.8982	6.8717	0.8789	0.8754
2023.04	6.8852	6.9240	0.8772	0.8821
2023.05	6.9912	7.0821	0.8922	0.9037
2023.06	7.1492	7.2258	0.9128	0.9220
2023.07	7.1619	7.1305	0.9160	0.9144
2023.08	7.1733	7.1811	0.9167	0.9154
2023.09	7.1839	7.1798	0.9176	0.9176
2023.10	7.1786	7.1779	0.9176	0.9178
2023.11	7.1544	7.1018	0.9164	0.9098
2023.12	7.1039	7.0827	0.9097	0.9062
2024.01	7.1060	7.1039	0.9091	0.9088
2024.02	7.1051	7.1036	0.9084	0.9075
2024.03	7.0978	7.0950	0.9073	0.9066
2024.04	7.1007	7.1063	0.9067	0.9081
2024.05	7.1057	7.1088	0.9098	0.9093
2024.06	7.1162	7.1268	0.9112	0.9127
2024.07	7.1316	7.1346	0.9132	0.9134
2024.08	7.1342	7.1124	0.9152	0.9122
2024.09	7.0791	7.0074	0.9085	0.9018
2024.10	7.1058	7.1250	0.9144	0.9167
2024.11	7.1729	7.1877	0.9221	0.9236
2024.12	7.1887	7.1884	0.9247	0.9260

注：本表汇率为中国外汇交易中心对外公布的人民币汇率中间价。
Note: The exchange rate is the CNY central parity rate released by the China Foreign Exchange Trade System.

4.5 ■ 人民币汇率统计表
Statistics of Exchange Rate

单位：外币／元人民币
Unit: USD, HKD, 100 JPY and EURO/RMB

时间 Time	日元 JPY		欧元 EURO	
	平均汇率 （100 日元／人民币） Average Exchange Rate (100 JPY/RMB)	期末汇率 （100 日元／人民币） End-of-period Exchange Rate (100 JPY/RMB)	平均汇率 （欧元／人民币） Average Exchange Rate (EURO/RMB)	期末汇率 （欧元／人民币） End-of-period Exchange Rate (EURO/RMB)
2017		5.7883		7.8023
2018		6.1887		7.8473
2019		6.4086		7.8155
2020		6.3236		8.0250
2021		5.5415		7.2197
2022.01	5.5362	5.5247	7.2042	7.1030
2022.02	5.5024	5.4663	7.1990	7.0659
2022.03	5.3561	5.1965	6.9900	7.0847
2022.04	5.0833	5.0616	6.9456	6.9531
2022.05	5.2136	5.2102	7.0977	7.1747
2022.06	4.998	4.9136	7.0791	7.0084
2022.07	4.9222	5.0154	6.8628	6.8739
2022.08	5.0299	4.9800	6.8831	6.9224
2022.09	4.8921	4.9276	6.9160	6.9892
2022.10	4.8396	4.8750	7.0284	7.1703
2022.11	5.0263	5.1723	7.2948	7.4129
2022.12	5.1684	5.2358	7.3872	7.4229
2023.01	5.2130	5.1840	7.3025	7.3354
2023.02	5.1434	5.1024	7.3189	7.3747
2023.03	5.1578	5.1693	7.3847	7.4945
2023.04	5.1648	5.1723	7.5439	7.6361
2023.05	5.0994	5.0652	7.5931	7.6016
2023.06	5.0733	5.0094	7.7418	7.8771
2023.07	5.0977	5.0802	7.9461	7.8836
2023.08	5.0078	4.9847	7.8908	7.9271
2023.09	4.9187	4.8398	7.7405	7.5849
2023.10	4.8336	4.8433	7.6281	7.6480
2023.11	4.7942	4.8362	7.7528	7.8045
2023.12	4.9394	5.0213	7.7612	7.8592
2024.01	4.8844	4.8322	7.7702	7.7153
2024.02	4.7807	4.7391	7.6984	7.7249
2024.03	4.7671	4.7158	7.7448	7.6765
2024.04	4.6496	4.5770	7.6482	7.6458
2024.05	4.5845	4.5611	7.7171	7.7322
2024.06	4.5425	4.4738	7.6974	7.6617
2024.07	4.5468	4.6958	7.7621	7.7439
2024.08	4.8812	4.9054	7.8610	7.8807
2024.09	4.9309	4.9077	7.8572	7.8267
2024.10	4.7194	4.6480	7.7217	7.7368
2024.11	4.6864	4.7770	7.6492	7.6087
2024.12	4.7135	4.6233	7.5646	7.5257

注：本表汇率为中国外汇交易中心对外公布的人民币汇率中间价。
Note: The exchange rate is the CNY central parity rate released by the China Foreign Exchange Trade System.

4.6 ■ 国内股票市场统计表
Statistics of Stock Market

时间 Time	股票筹资额 （亿元） Equity Financing (100 Million Yuan)	成交金额 （亿元） Turnover of Trading (100 Million Yuan)	期末总股本 （亿股） Volume Issued at the End of Period (100 Million Shares)	期末市价总值 （亿元） Total Market Capitalization at the End of Period (100 Million Yuan)	期末上市公司数 （家） Number of Listed Company at the End of Period	期末收盘指数 (Index)	
						上证综合指数 Shanghai Stock Exchange Composite Index	深证成分指数 Shenzhen Stock Exchange Componet Index
2017	11755	1124625	53747	567086	3485	3307	11040
2018	6827	901739	57581	434924	3584	2494	7240
2019	6863	1274159	61720	592935	3777	3050	10431
2020	11567	2068253	65456	797238	4154	3473	14471
2021	14746	2579734	70694	916088	4615	3640	14857
2022.01	1529	200638	71070	839227	4644	3361	13328
2022.02	849	150588	71228	864808	4659	3462	13456
2022.03	959	233783	71356	805107	4693	3252	12118
2022.04	1237	167622	71550	738999	4726	3047	11021
2022.05	520	159545	71768	780858	4736	3186	11528
2022.06	579	231962	71941	848266	4731	3399	12896
2022.07	1553	211460	72099	825899	4752	3253	12267
2022.08	1331	231756	47038	811626	4799	3202	11816
2022.09	1342	153261	72599	759842	4841	3024	10779
2022.10	946	127023	72690	740289	4865	2893	10397
2022.11	799	204202	72867	800976	4889	3151	11109
2022.12	1538	173256	73312	788006	4917	3089	11016
2023.01	972	126421	73458	842841	4923	3256	12001
2023.02	607	179502	73612	849617	4937	3280	11784
2023.03	1045	213882	73850	848855	4959	3273	11726
2023.04	1068	216846	74179	849540	4985	3323	11339
2023.05	741	185682	74535	825176	5007	3205	10794
2023.06	686	192288	74821	832615	5031	3202	11027
2023.07	889	178119	74881	850617	5041	3291	11184
2023.08	1018	189796	74869	808665	5061	3120	10418
2023.09	332	143943	74971	801620	5076	3110	10110
2023.10	377	140723	75022	782398	5083	3019	9864
2023.11	723	193272	75105	786734	5092	3030	9727
2023.12	713	161635	75489	773131	5107	2975	9525
2024.01	430	160182	75564	694173	5115	2789	8213
2024.02	109	142389	75545	757265	5119	3015	9330
2024.03	242	212282	75548	768946	5123	3041	9401
2024.04	212	182611	75598	780205	5124	3105	9587
2024.05	126	169042	75702	771602	5126	3087	9364
2024.06	187	136989	75792	733150	5125	2967	8849
2024.07	260	150085	75684	726942	5117	2939	8754
2024.08	152	130908	75320	700737	5107	2842	8348
2024.09	476	150956	75290	842761	5110	3336	10530
2024.10	471	356781	75278	845573	5116	3280	10591
2024.11	605	405319	75332	858289	5122	3326	10612
2024.12	624	350312	75696	854721	5130	3352	10415

5.1 ■ 中央银行基准利率
Benchmark Interest Rates of Central Bank

单位：%（年利率）
Unit: % p.a.

项目／日期	Items/Date	2002.02.21	2003.12.21	2004.03.25	2005.03.17	2008.01.01	2008.11.27	2008.12.23	2010.10.20	2010.12.26	2020.04.07	2020.07.01	2024.01.25
准备金账户 *	Reserve Account*												
法定准备金	Reserve Requirements	1.89	1.89	1.89	1.89	—	1.62	—	1.62	1.62	—	1.62	1.62
超额储备	Excess Reserves	1.89	1.62	1.62	0.99	—	0.72	—	0.72	0.72	0.35	0.35	0.35
对金融机构贷款	Loans to Financial Institution												
20 天以内	Less than 20 days	2.70	2.70	3.33	3.33	4.14	3.06	2.79	2.79	3.25	—	3.25	3.25
3 个月以内	3 months or less	2.97	2.97	3.60	3.60	4.41	3.33	3.06	3.06	3.55	—	3.55	3.55
6 个月以内	6 months or less	3.15	3.15	3.78	3.78	4.59	3.51	3.24	3.24	3.75	—	3.75	3.75
1 年	1 year	3.24	3.24	3.87	3.87	4.68	3.60	3.33	3.33	3.85	—	3.85	3.85
再贴现	Rediscount	2.97	2.97	3.24	3.24	4.32	2.97	1.80	1.80	2.25	—	2.00	1.75

* 2003 年 12 月，准备金账户分为法定准备金和超额储备两个账户。

* As of December 2003, reserve account was divided into reserve requirements and excess reserves.

5.2 ■ 金融机构：人民币法定存款基准利率
Financial Institutions: Official Benchmark Rates of RMB Deposits

单位：%（年利率）
Unit: % p.a.

项目／日期	Items/Date	2012.07.06	2014.11.22	2015.03.01	2015.05.11	2015.06.28	2015.08.26	2015.10.24
活期	Demand	0.35	0.35	0.35	0.35	0.35	0.35	0.35
定期	Time							
3 个月	3 months	2.60	2.35	2.10	1.85	1.60	1.35	1.10
6 个月	6 months	2.80	2.55	2.30	2.05	1.80	1.55	1.30
1 年	1 year	3.00	2.75	2.50	2.25	2.00	1.75	1.50
2 年	2 years	3.75	3.35	3.10	2.85	2.60	2.35	2.10
3 年	3 years	4.25	4.00	3.75	3.50	3.25	3.00	2.75
5 年	5 years	4.75	4.00	—	—	—	—	—

5.3 ■ 金融机构：人民币法定贷款基准利率
Financial Institutions: Official Benchmark Rates of RMB Loans

单位：%（年利率）
Unit: % p.a.

项目／日期　　　　Items/Date	2012.07.06	2014.11.22	2015.03.01	2015.05.11	2015.06.28	2015.08.26	2015.10.24
短期贷款 Short-term							
1年以内（含1年）within 1 year (including 1 year)	6.00	5.60	5.35	5.10	4.85	4.60	4.35
中长期贷款 Medium- and long-term							
1～5年（含5年）1~5 years (including 5 years)	6.15	6.00	5.75	5.50	5.25	5.00	4.75
5年以上　　　　over 5 years	6.55	6.15	5.90	5.65	5.40	5.15	4.90

注：自2014年11月22日起，金融机构人民币贷款基准利率期限档次简并为1年以内（含1年）、1～5年（含5年）和5年以上三个档次。
Note: Since November 22, 2014, the terms of official benchmark rates of RMB loans to financial institutions have merged into three:within 1 year (including 1 year), 1~5 years(including 5 years), over 5 years.

6.1 2024 年上半年资金流量表（金融账户）
Flow of Funds Statement, 2024Q2(Financial Accounts)

部门 / 交易项目	顺序号	住户 Households 运用 Uses	来源 Sources	非金融企业 Non-financial Corporations 运用 Uses	来源 Sources	广义政府 General Government 运用 Uses	来源 Sources	金融部门 Financial Institutions 运用 Uses	来源 Sources
净金融投资	1	137048		-104880		-27302		1785	
资金运用合计	2	154609		21586		11967		238786	
资金来源合计	3		17561		126466		39269		2370
通货	4	3781		389		86			4
存款	5	97571		-14362		8361		19248	109
活期存款	6	10410		-33179		21			-22
定期存款	7	85542		18717		11578			1158
财政存款	8					-2434			-24
外汇存款	9	213		1506		-46		3184	3
其他存款	10	1406		-1405		-758		16064	157
证券公司客户保证金	11	969		1429		122		619	3
贷款	12		15792		111166		-1414	130249	6
短期贷款与票据融资	13		2881		28148			31029	
中长期贷款	14		11825		81653			93478	
外汇贷款	15		-3		-492		257	-1790	
委托贷款	16		1403		-1905		-430	-898	
其他贷款	17		-315		3762		-1240	8430	6
未贴现的银行承兑汇票	18			-2363	-2363			-2363	-23
保险准备金	19	26651		2098			7712		210
金融机构往来	20							-13224	-108
存款准备金	21							-20002	-187
债券	22	-1449		-32	8189	1624	33450	71554	339
政府债券	23	-269		57		410	33450	34328	
金融债券	24	-235		-6		822		28673	339
中央银行债券	25								
企业债券	26	-946		-83	8189	392		8553	
股票	27	395		1654	118	20		3563	8
证券投资基金份额	28	9615		14187		1208		6142	332
库存现金	29							-384	-4
中央银行贷款	30							-2638	-26
其他（净）	31	17077	1769	11957	9365	546	142	39654	579
直接投资	32			6102	-575			1633	2
其他对外债权债务	33			527	-1499		-622	5055	14
国际储备资产	34							-319	
国际收支误差与遗漏	35				2065				

单位：亿元
Unit: 100 Million Yuan

国内合计 All Domestic Sectors		国 外 The Rest of the World		总 计 Total		No.	Sector / Item
运用 Uses	来源 Sources	运用 Uses	来源 Sources	运用 Uses	来源 Sources		
6652		-6652		0		1	Net financial investment
26948		8584		435532		2	Financial uses
	420296		15236		435532	3	Financial sources
4257	4321	64		4321	4321	4	Currency
10819	109539	-105	1174	110714	110714	5	Deposits
22749	-22749			-22749	-22749	6	Demand deposits
15837	115837			115837	115837	7	Time deposits
-2434	-2434			-2434	-2434	8	Fiscal deposits
4857	3103	-580	1174	4278	4278	9	Foreign exchange deposits
15307	15782	475		15782	15782	10	Other deposits
3138	3350	211		3350	3350	11	Customer margin of securities companies
30249	131649	-245	-1646	130004	130004	12	Loans
31029	31029			31029	31029	13	Short-term loans & Bills financing
93478	93478			93478	93478	14	Medium-term and long-term loans
-1790	-290	-245	-1745	-2036	-2036	15	Foreign exchange loans
-898	-932		34	-898	-898	16	Designated loans
8430	8364		65	8430	8430	17	Other loans
-4727	-4727			-4727	-4727	18	Undiscounted bankers' acceptance bills
28749	28749			28749	28749	19	Insurance technical reserves
-13224	-10847	-1770	-4147	-14994	-14994	20	Inter-financial institutions accounts
-20002	-18717	1285		-18717	-18717	21	Required and excessive reserves
71697	75609	6202	2289	77898	77898	22	Bonds
34526	33450	-779	297	33747	33747	23	Government bonds
29255	33970	7029	2314	36284	36284	24	Financial bonds
						25	Central bank bonds
7916	8189	-49	-321	7868	7868	26	Corporate bonds
5633	925	-210	4498	5423	5423	27	Shares
31152	33247	2095		33247	33247	28	Securities investment funds shares
-384	-446		62	-384	-384	29	Cash in vault
-2638	-2638			-2638	-2638	30	Central bank loans
69232	69242	17	7	69249	69249	31	Miscellaneous (net)
7735	-332	-332	7735	7403	7403	32	Foreign direct investment
5582	-694	-694	5582	4888	4888	33	Other foreign assets and debts
-319			-319	-319	-319	34	International reserve assets
	2065	2065		2065	2065	35	Errors and omissions in the BOP

7.1 ① 5000 户企业主要财务指标
Major Financial Indicators of 5000 Principal Enterprises

上年同期 =100 单位：%
Previous Year=100 Unit: %

时间 Time	货币资金 Monetary Funds	存货 Inventories	流动资产 Current Assets	固定资产 净值 Net Fixed Assets	短期借款 Short-term Borrowing
2017	10.8	6.4	8.9	3.0	3.1
2018	4.7	3.3	5.1	4.2	-1.7
2019	6.8	-0.2	3.3	3.2	-0.9
2020	10.2	2.0	6.3	1.9	0.2
2021	9.6	11.2	9.3	1.5	-1.6
2022.01	8.6	12.0	9.1	2.7	-1.8
2022.02	12.9	9.0	10.1	3.1	-2.3
2022.03	11.4	9.1	10.1	2.6	-1.9
2022.04	11.0	10.4	9.1	2.7	-2.1
2022.05	13.5	10.7	8.9	2.8	-1.2
2022.06	10.3	9.3	7.5	2.7	-2.1
2022.07	11.2	8.0	6.9	2.6	-2.6
2022.08	11.6	6.1	7.8	2.8	-1.4
2022.09	12.5	5.5	8.7	2.5	-0.2
2022.10	10.8	4.5	7.7	2.8	-0.4
2022.11	6.2	4.2	6.8	2.0	-1.2
2022.12	3.9	3.7	6.0	3.7	-1.8
2023.01	7.1	2.9	5.3	3.8	-0.5
2023.02	8.8	3.3	5.9	2.5	0.7
2023.03	7.6	3.2	5.2	3.2	1.1
2023.04	8.3	1.6	5.6	3.4	1.1
2023.05	6.2	-0.6	4.6	3.3	1.8
2023.06	6.1	-1.8	4.3	3.7	1.2
2023.07	7.2	-1.7	4.8	3.8	2.1
2023.08	7.1	-1.0	4.1	3.9	0.8
2023.09	2.9	-1.0	3.3	4.4	-1.7
2023.10	4.0	-0.2	3.3	4.5	-0.8
2023.11	5.0	0.0	3.4	4.6	-0.4
2023.12	2.3	0.6	3.2	3.7	-0.4
2024.01	6.6	1.0	5.3	4.5	-0.7
2024.02	2.0	1.2	2.9	4.3	-0.3
2024.03	0.9	1.0	3.5	3.8	-0.7
2024.04	-0.3	1.1	3.7	3.7	-0.5
2024.05	-2.8	2.7	3.5	4.3	-1.9
2024.06	-4.8	3.5	3.0	4.1	-0.9
2024.07	-6.0	4.1	2.3	4.3	-1.5
2024.08	-7.3	4.3	2.0	4.1	0.5
2024.09	-4.5	3.9	2.2	3.9	2.3
2024.10	-6.3	3.9	2.1	4.2	2.1
2024.11	-5.7	3.5	2.3	4.7	3.8
2024.12	-1.4	4.4	3.4	4.6	5.1

7.1 2 5000 户企业主要财务指标
Major Financial Indicators of 5000 Principal Enterprises

上年同期＝100 单位：%
Previous Year=100 Unit: %

时间 Time	流动负债 合计 Total Current Liabilities	非流动负债 合计 Total Long-term Liabilities	所有者权益 合计 Owner's Equity	主营业务 收入 Sales Revenue	工业总产值 （现价） Industrial Output (Current Price)
2017	4.3	2.1	11.3	13.5	15.7
2018	3.2	2.7	8.3	7.9	7.4
2019	3.0	7.7	5.8	3.0	2.3
2020	5.1	6.0	6.0	-0.4	1.5
2021	4.6	5.2	8.5	15.5	15.4
2022.01	5.6	5.1	8.8	5.0	10.1
2022.02	5.9	4.2	9.4	9.8	13.8
2022.03	6.0	4.0	9.4	8.6	13.2
2022.04	5.7	3.7	8.1	4.5	7.9
2022.05	5.7	3.8	7.9	4.3	7.7
2022.06	4.3	4.2	7.0	5.0	8.2
2022.07	3.7	4.1	7.0	5.0	7.7
2022.08	4.9	5.7	6.8	5.2	7.6
2022.09	6.4	6.8	6.6	5.1	7.3
2022.10	5.7	8.2	6.2	4.9	6.9
2022.11	4.9	9.0	5.6	4.3	6.0
2022.12	4.3	8.3	6.0	4.4	5.3
2023.01	3.4	9.7	5.8	-12.0	-13.4
2023.02	5.0	10.6	5.3	-2.3	-4.2
2023.03	4.1	12.2	4.5	-0.7	-3.0
2023.04	3.8	14.2	5.1	0.3	-1.6
2023.05	3.7	14.1	4.3	-0.7	-2.4
2023.06	3.2	13.8	5.0	-1.8	-3.0
2023.07	4.2	13.3	4.9	-1.9	-2.7
2023.08	3.4	12.4	4.9	-1.8	-2.1
2023.09	2.9	12.4	5.0	-1.3	-1.4
2023.10	3.7	11.3	4.2	-1.0	-0.9
2023.11	3.4	10.9	4.6	-0.3	-0.5
2023.12	3.1	12.8	4.3	-0.2	0.0
2024.01	4.9	11.3	4.9	19.5	18.2
2024.02	2.7	10.6	4.5	2.6	5.2
2024.03	3.6	8.4	5.0	1.2	3.0
2024.04	4.3	6.7	4.7	1.6	2.8
2024.05	4.8	5.0	4.8	2.5	3.6
2024.06	4.9	1.8	4.6	2.3	3.1
2024.07	4.5	2.1	4.0	2.0	2.7
2024.08	4.3	1.4	3.7	1.5	2.3
2024.09	4.3	1.2	3.6	1.0	1.6
2024.10	4.3	1.8	3.7	0.8	1.1
2024.11	5.5	0.8	3.3	0.5	1.0
2024.12	5.8	0.2	3.9	0.7	0.6

注：2015 年 5 月，调整企业财务调查指标，停用"固定资产合计"，"固定资产净额"是指固定资产合计减去累计折旧和减值准备后的净额。

Note: Since May 2015, the item of "Total Fixed Assets" has been replaced by "Net Fixed Assets", which equals nominal fixed assets, minus accumulated depreciation and allowance for impairment of fixed assets.

7.2 ■ 5000 户企业主要财务分析指标
Major Financial Analytical Indicators of 5000 Principal Enterprises

上年同期 ＝100 单位：%
Previous Year=100 Unit: %

时间 Time	货币资金占用系数 Ratio of Monetary Funds to Sales	流动比率 Ratio of Liquidity	资产负债率 Liabilities/Assets Ratio	流动资产 周转率 Turn-over Ratio of Liquid Assets	工业产品 销售率 Industrial Products Sales Ratio	销售成本 利润率 Ratio of Profits to Sales Expenses
2017	17.6	104.8	60.2	1.5	112.5	8.0
2018	17.0	107.8	58.9	1.5	112.4	8.3
2019	17.6	107.3	58.3	1.5	112.6	7.6
2020	19.5	108.2	57.9	1.6	108.7	7.6
2021	18.5	114.5	56.4	1.7	106.9	9.5
2022.01	16.8	115.2	56.4	1.7	103.3	11.9
2022.02	18.9	117.0	55.9	1.5	103.0	9.8
2022.03	18.4	117.5	55.9	1.6	104.2	10.5
2022.04	18.7	117.4	56.0	1.6	104.5	10.3
2022.05	18.7	118.1	55.9	1.6	104.7	10.1
2022.06	18.5	117.5	56.2	1.6	105.4	10.5
2022.07	18.1	118.2	56.1	1.6	105.4	10.0
2022.08	18.3	118.3	56.2	1.6	105.6	9.8
2022.09	18.6	118.7	56.0	1.6	105.6	9.5
2022.10	18.4	119.3	55.9	1.6	105.5	9.1
2022.11	18.3	119.5	56.0	1.6	105.3	8.9
2022.12	18.1	116.8	55.7	1.6	105.4	8.5
2023.01	20.6	118.0	56.0	1.4	104.5	11.2
2023.02	21.1	118.7	55.9	1.4	104.4	9.1
2023.03	19.9	119.2	56.0	1.5	105.8	9.2
2023.04	20.3	120.3	56.1	1.5	105.8	8.7
2023.05	20.4	120.1	56.2	1.5	105.6	8.2
2023.06	20.2	119.5	56.3	1.5	105.6	8.6
2023.07	19.9	119.7	56.3	1.5	105.3	8.3
2023.08	20.3	119.9	56.3	1.5	105.3	8.2
2023.09	19.7	119.6	56.2	1.5	105.4	8.4
2023.10	19.7	119.2	56.3	1.5	105.1	8.3
2023.11	19.7	119.8	56.2	1.5	105.3	8.2
2023.12	18.9	117.2	56.1	1.6	105.1	7.8
2024.01	17.6	116.7	56.5	1.7	104.9	9.9
2024.02	20.1	117.4	56.1	1.4	101.2	7.9
2024.03	19.0	117.6	56.1	1.5	103.3	8.2
2024.04	19.1	118.1	56.3	1.5	103.8	7.7
2024.05	18.5	117.2	56.2	1.5	104.0	7.7
2024.06	18.1	116.0	56.2	1.5	104.0	8.2
2024.07	17.7	115.7	56.3	1.5	103.9	8.0
2024.08	17.8	115.9	56.3	1.5	103.8	7.6
2024.09	17.9	115.7	56.0	1.5	104.1	7.6
2024.10	17.6	115.5	56.1	1.5	104.0	7.4
2024.11	17.8	115.0	56.2	1.5	104.0	7.3
2024.12	17.7	113.3	55.9	1.6	104.6	7.2

7.3 5000 户企业景气扩散指数 *
Diffusion Indices of Business Survey of 5000 Principal Enterprises*

单位：%
Unit: %

时间 Time	宏观经济热度指数 Macro-economy Index	企业经营景气指数 Business Climate Index	设备能力利用水平指数 Production Capacity Utilization	产成品存货持有意愿指数 Inventory Level	国内订单指数 Domestic Order Level	出口订单指数 Overseas Order Level	资金周转指数 Funds Turnover	销货款回笼指数 Cash Inflow from Sales	银行贷款获得感受指数 Lending Attitude of Bank	盈利指数 Profitability	产品销售价格感受指数 Price Level of Sales	原材料购进价格感受指数 Price Level of Raw Materials	固定资产投资指数 Fixed Assets Investment
2017	38.6	59.8	43.8	47.7	53.0	48.5	58.8	63.8	46.7	61.5	56.1	68.6	50.9
2018	35.4	57.9	43.6	47.0	50.1	45.5	58.1	63.1	46.4	58.7	50.8	63.1	50.5
2019	31.9	55.5	42.7	46.5	49.1	43.2	59.0	63.7	49.0	57.3	47.6	57.1	50.0
2020.03	12.4	30.3	21.6	41.4	17.5	19.1	45.4	45.7	48.0	22.3	40.0	56.9	34.0
2020.06	19.3	42.7	38.1	42.5	50.9	32.0	51.6	53.4	50.5	49.6	43.2	52.8	47.8
2020.09	27.7	49.4	40.3	45.0	53.0	43.6	56.1	58.3	51.5	57.0	48.1	58.6	51.1
2020.12	34.4	55.8	44.4	47.4	55.0	46.4	59.3	62.7	51.9	59.8	53.3	64.2	52.5
2021.03	38.9	56.3	42.4	47.9	45.8	41.8	60.6	63.5	52.0	53.1	56.9	71.6	46.8
2021.06	42.1	59.6	45.8	48.5	56.0	50.6	60.3	64.4	52.4	60.7	62.1	77.6	53.3
2021.09	39.8	56.6	43.4	47.2	51.1	49.4	59.9	63.9	52.3	56.7	58.2	72.0	53.2
2021.12	37.3	56.8	43.1	47.5	51.2	48.7	60.4	64.9	52.7	57.4	57.9	70.6	52.7
2022.03	35.7	53.3	40.7	46.2	41.4	40.9	60.0	63.4	53.9	49.3	53.6	67.1	47.0
2022.06	26.5	48.7	37.2	44.6	40.9	41.0	57.7	59.9	53.9	51.2	52.4	68.1	49.8
2022.09	26.9	48.1	37.2	45.4	44.8	42.2	57.8	60.6	54.5	50.0	45.4	56.7	50.1
2022.12	23.5	46.6	36.4	45.5	44.1	38.9	56.7	59.8	54.3	50.0	47.2	58.5	50.1
2023.03	33.8	49.2	37.7	46.1	42.9	39.5	59.9	62.2	55.8	47.8	47.8	58.0	45.8
2023.06	30.9	49.6	38.9	45.6	48.2	45.5	59.3	61.9	55.8	53.2	43.1	50.5	50.4
2023.09	29.5	49.2	38.8	45.8	47.1	45.5	59.3	62.7	55.6	53.7	46.1	54.3	50.6
2023.12	29.7	51.0	40.1	46.5	48.7	45.4	60.2	63.6	55.9	55.0	46.7	55.0	51.1
2024.03	29.7	49.7	38.0	46.1	39.0	39.5	60.7	63.3	56.7	47.6	44.4	53.5	45.4
2024.06	29.4	50.8	40.0	46.0	48.3	50.0	60.2	62.9	56.4	54.8	46.5	56.3	50.4
2024.09	26.9	49.0	39.0	45.1	43.8	46.6	59.1	61.9	56.5	51.1	42.4	51.2	49.8
2024.12	27.4	51.0	40.5	46.0	48.4	47.7	59.8	62.9	57.7	54.3	45.3	53.2	50.8

* 通过对企业经营者进行问卷调查，得出对问题回答的三种结果，即上升、持平、下降各占总数的比重，然后利用上升的比重减去下降的比重，用其差额来反映景气状况的水平和趋势。

* Diffusion Index on Business Survey: based on the questionnaire sent to enterprise managers, proportions are calculated for the positive, unchanged and negative answers respectively. The diffusion index and its trend are reflected in the difference of the shares between the positive and negative answers.

注：对问卷内容进行了重新修订，本表中发布的数据也作了相应调整。具体为：（1）停止发布"能源供应状况""原材料供应状况""产品销售情况"和"设备投资情况"；（2）新增发布"宏观经济热度指数"和"原材料购进价格指数"；（3）修改"产成品库存水平指数"计算方法，新指数 ＝100－原指数，本表中已对 2013 年二季度以前公布的历史数据进行调整。

Note: For the PBC Entrepreneurs Survey was revised and certain adjustments were made to the table as of 2013 Q2, including:(1) Indices of Energy Supply, Raw Material Supply and Products Sales were not compiled; (2) Indices of Macro-economy and Price Level of Raw Materials were added; (3) Compilation method was adjusted for Inventory Level Index, while the new index equals 100 minus the original index. All the historical data in the table was re-calculated accordingly.

8.1 ▇ 主要物价指数
Major Price Indices

以上年同月为100
Previous Corresponding Month＝100

时间 Time	零售物价指数 Retail Price Index	居民消费价格指数 Consumer Price Index	企业商品价格指数 Corporate Goods Price Index		
			总指数 Overall Index	投资品 Capital Goods	消费品 Consumer Goods
2017	101.1	101.6	106.8	107.5	100.6
2018	101.9	102.1	103.0	103.2	101.0
2019	102.0	102.9	99.8	99.3	103.6
2020	101.4	102.5	98.8	98.1	104.3
2021	101.6	100.9	107.1	107.9	99.9
2022.01	101.5	100.9	106.4	107.5	98.5
2022.02	101.9	100.9	106.1	107.1	98.0
2022.03	102.7	101.5	106.1	107.1	98.4
2022.04	103.4	102.1	106.3	107.2	99.4
2022.05	103.3	102.1	105.1	105.7	100.4
2022.06	103.7	102.5	105.2	105.6	101.9
2022.07	103.5	102.7	103.1	103.1	102.9
2022.08	103.1	102.5	102.3	102.1	103.6
2022.09	103.2	102.8	101.7	101.3	105.1
2022.10	102.3	102.1	100.1	99.4	105.1
2022.11	101.8	101.6	99.8	99.4	103.1
2022.12	102.0	101.8	100.2	99.9	102.5
2023.01		102.1	100.4	100.1	102.8
2023.02		101.0	99.7	99.4	102.5
2023.03		100.7	98.3	97.9	102.2
2023.04		100.1	97.1	96.6	101.1
2023.05		100.2	95.9	95.4	100.1
2023.06		100.0	95.5	95.0	99.5
2023.07		99.7	97.0	96.8	98.7
2023.08		100.1	98.0	97.9	99.0
2023.09		100.0	98.6	98.5	98.8
2023.10		99.8	97.9	97.9	97.9
2023.11		99.5	97.9	97.9	97.7
2023.12		99.7	98.2	98.1	98.4
2024.01		99.2	97.8	97.7	98.0
2024.02		100.7	97.8	97.7	99.0
2024.03		100.1	97.7	97.5	98.7
2024.04		100.3	98.2	98.1	99.1
2024.05		100.3	99.5	99.6	99.3
2024.06		100.2	99.9	99.9	99.6
2024.07		100.5	99.8	99.7	100.2
2024.08		100.6	99.1	98.9	100.8
2024.09		100.4	98.3	98.0	100.5
2024.10		100.3	99.0	98.8	100.4
2024.11		100.2	98.6	98.3	100.3
2024.12		100.1	98.3	98.1	99.6

8.2 ■ 企业商品价格指数
Corporate Goods Price Indices(CGPI)

以 1993 年 12 月为 100
December 1993＝100

时间 Time	总指数 Overall Index	农产品 Agricultural Product	矿产品 Mining Product	煤、油、电 Coal, Oil and Electricity	加工业产品 Processed Product
2017	148.8	242.8	209.6	250.3	119.4
2018	149.2	240.4	221.0	254.1	119.6
2019	149.9	281.5	236.4	249.0	118.1
2020	147.5	281.9	243.3	228.6	117.0
2021	157.9	273.8	278.5	256.5	125.7
2022.01	161.8	274.7	271.7	277.1	128.2
2022.02	163.1	274.0	276.8	284.0	129.1
2022.03	165.0	273.7	281.8	295.7	130.3
2022.04	166.1	275.7	288.9	300.2	130.9
2022.05	165.9	276.9	288.2	301.3	130.5
2022.06	165.3	272.7	286.5	306.4	129.9
2022.07	162.6	278.4	275.7	301.3	127.2
2022.08	161.6	279.4	269.6	295.6	126.6
2022.09	161.6	283.0	273.6	294.8	126.4
2022.10	162.4	287.7	274.9	297.8	126.7
2022.11	162.2	285.5	272.8	299.4	126.5
2022.12	161.9	285.5	274.5	295.1	126.5
2023.01	162.5	295.0	276.9	293.1	126.6
2023.02	162.6	291.5	283.5	292.9	127.0
2023.03	162.3	289.4	286.8	290.7	126.8
2023.04	161.2	281.4	289.3	288.4	126.3
2023.05	159.1	276.3	286.0	282.1	124.9
2023.06	157.9	271.9	286.3	275.8	124.3
2023.07	157.7	267.9	288.6	276.8	124.3
2023.08	158.4	267.7	289.5	283.9	124.5
2023.09	159.3	267.5	293.7	291.0	124.9
2023.10	159.0	267.5	295.6	290.9	124.6
2023.11	158.8	267.7	300.5	287.6	124.5
2023.12	158.9	275.3	304.7	283.0	124.5
2024.01	158.8	277.6	307.2	282.9	124.3
2024.02	159.1	287.3	303.7	283.1	124.1
2024.03	158.4	279.7	301.1	282.5	123.9
2024.04	158.3	274.7	304.9	281.8	124.0
2024.05	158.4	269.8	310.7	280.5	124.4
2024.06	157.6	263.2	311.0	277.8	124.2
2024.07	157.3	267.4	311.2	277.4	123.7
2024.08	157.0	282.5	305.7	274.9	122.7
2024.09	156.6	286.6	303.8	270.4	122.4
2024.10	157.4	283.2	309.7	272.7	123.2
2024.11	156.5	275.5	307.7	272.2	122.8
2024.12	156.1	273.6	309.3	270.5	122.6

9 ■ 主要经济金融指标图
Charts of Major Economic & Financial Indicators

工业增加值当月同比增长变化图
Growth Changes of Industrial Value-added

单位：%
Unit：%

社会消费品零售总额当月同比增长变化图
Growth Changes of Retail Sales of Consumer Goods

单位：%
Unit：%

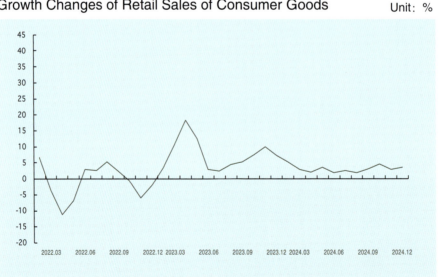

进出口增长变化图
Growth Changes of Import & Export

单位：%
Unit：%

货币供应量增长率图
Money Supply Growth Rate

单位：%
Unit：%

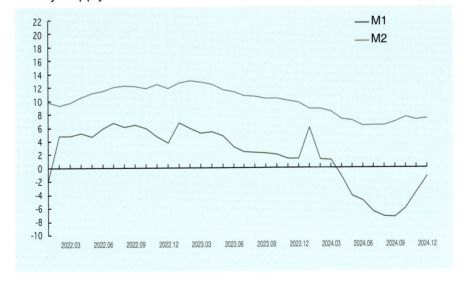

2024 年四季度末其他存款性公司金融资产分布图
Assets Distribution of Other Depository Corporations (End of 2024 Q4)

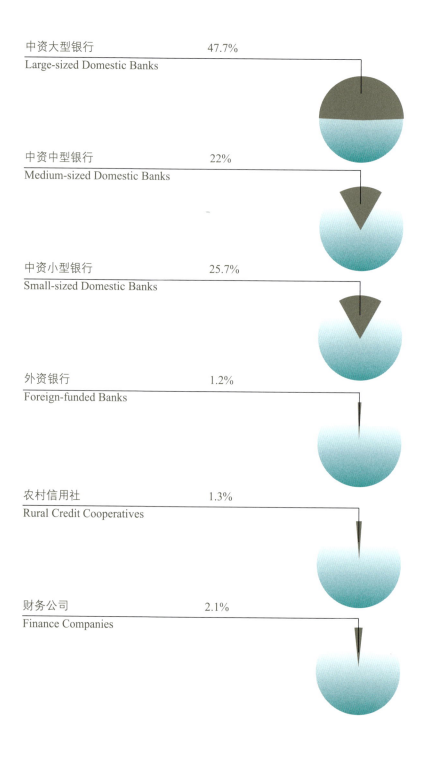

中资大型银行　　　　　　　　47.7%
Large-sized Domestic Banks

中资中型银行　　　　　　　　22%
Medium-sized Domestic Banks

中资小型银行　　　　　　　　25.7%
Small-sized Domestic Banks

外资银行　　　　　　　　　　1.2%
Foreign-funded Banks

农村信用社　　　　　　　　　1.3%
Rural Credit Cooperatives

财务公司　　　　　　　　　　2.1%
Finance Companies

1 年期储蓄利率与居民消费价格指数涨幅对比图
One-year Savings Interest Rate and CPI Growth Rate

单位：%
Unit：%

主要物价指数
Major Price Indices

以上年同期为100
Previous Corresponding Month = 100

5000 户企业经营景气指数高于全国平均水平的主要行业
（2024 年四季度）

Indices above the National Average Level of Business Conditions of
Major Industries among 5000 Principal Enterprises (2024 Q4)

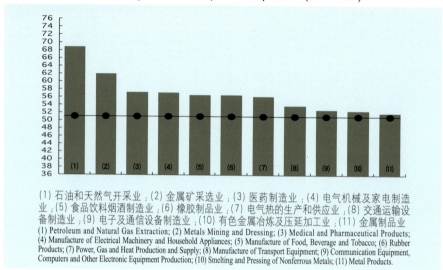

(1) 石油和天然气开采业；(2) 金属矿采选业；(3) 医药制造业；(4) 电气机械及家电制造业；(5) 食品饮料烟酒制造业；(6) 橡胶制品业；(7) 电气热的生产和供应业；(8) 交通运输设备制造业；(9) 电子及通信设备制造业；(10) 有色金属冶炼及压延加工业；(11) 金属制品业
(1) Petroleum and Natural Gas Extraction; (2) Metals Mining and Dressing; (3) Medical and Pharmaceutical Products;
(4) Manufacture of Electrical Machinery and Household Appliances; (5) Manufacture of Food, Beverage and Tobacco; (6) Rubber
Products; (7) Power, Gas and Heat Production and Supply; (8) Manufacture of Transport Equipment; (9) Communication Equipment,
Computers and Other Electronic Equipment Production; (10) Smelting and Pressing of Nonferrous Metals; (11) Metal Products.

5000 户企业货币资金与存货趋势图

Growth Rate of Monetary Funds
and Inventories of 5000 Principal
Enterprises

单位：%
Unit：%

上海银行间同业拆放利率
Shibor

单位：%

Unit：%

同业拆借、质押式回购月加权平均利率
Monthly Weighted Average Interest Rate of Interbank Lending and Pledged Repo

单位：%

Unit：%

中债国债收益率曲线

Chinabond Yield Curves of Government Securities

单位：%
Unit：%

中债国债、中短期票据收益率

Chinabond Yield of Government Securities and Medium/Short-term Notes

单位：%
Unit：%

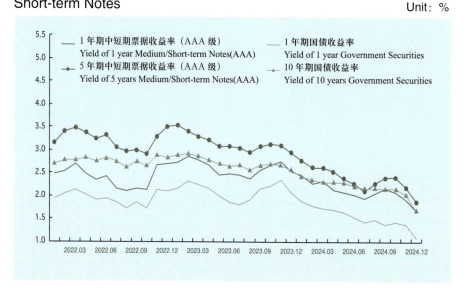

10 ■ 主要指标的概念及定义

1 ■ **名义 GDP**　按市场价格计算的国内生产总值。

国内生产总值　按市场价格计算的国内生产总值的简称。它是一个国家（地区）所有常住单位在一定时期内生产活动的最终成果。在实际核算中，国内生产总值的三种表现形式为三种计算方法，即生产法、收入法和支出法，其分别从不同的方面反映国内生产总值及其构成。

三大产业　根据社会生产活动历史发展的顺序对产业结构进行划分，产品直接取自自然界的部门称为第一产业，对初级产品进行再加工的部门称为第二产业，为生产和消费提供各种服务的部门称为第三产业。

工业增加值　指工业在报告期内以货币表现的工业生产活动的最终成果。

国有及国有控股企业　指国有企业加上国有控股企业。国有企业（过去的全民所有制工业或国营工业）是指企业全部资产归国家所有，并按《中华人民共和国企业法人登记管理条例》的规定登记注册的非公司制的经济组织，包括国有企业、国有独资公司和国有联营企业。1957 年以前的公私合营和私营工业，后均改造为国营工业，1992 年改为国有工业，这部分工业的资料不单独分列时，均包括在国有企业内。国有控股企业是对混合所有制经济的企业进行的国有控股分类，它是指这些企业的全部资产中国有资产（股份）相对其他所有者中的任何一个所有者占资（股）最多的企业。该分组反映了国有经济控股情况。

集体企业　指企业资产归集体所有，并按《中华人民共和国企业法人登记管理条例》的规定登记注册的经济组织，是社会主义公有制经济的组成部分。它包括城乡所有使用集体投资举办的企业，以及部分个人通过集资自愿放弃所有权并依法经市场监督管理机关认定为集体所有制的企业。

1 ■ **Nominal GDP**　Nominal GDP is the Gross Domestic Product measured on the basis of current price.

Gross Domestic Product　refers to Gross Domestic Product calculated at market price, which is all the final products of all resident units (enterprises and self-employed individuals) of a country (or region) during a certain period of time. In the practice of national accounting, Gross Domestic Product is calculated by three approaches, i. e. product approach, income approach, and expenditure approach, respectively to reflect Gross Domestic Product and its composition from different aspects.

Three Industries　industry structure has been classified according to the historical sequence of development. Primary industry refers to extraction of natural resources, secondary industry involves processing of primary products, and tertiary industry provides services of various kinds for production and consumption.

Industrial Value-added　refers to final results of industrial production of industry in money terms during reference period.

State-owned and State-holding Enterprises　refer to state-owned enterprises plus state-holding enterprises. State-owned enterprises (originally known as state-run enterprises with ownership by the whole society) are non-corporate economic entities registered in accordance with the *Regulation of the People's Republic of China on the Management of Registration of Legal Enterprises*, where all assets are owned by the state. Included in this category are state-owned enterprises, state-funded corporations and state-owned joint-operation enterprises. Joint state-private industries and private industries, which existed before 1957, were transformed into state-run industries since 1957, and into state-owned industries after 1992. Statistics on those enterprises are included in the state-owned industries instead of grouping them separately. State-holding enterprises are a sub-classification of enterprises with mixed ownership, referring to enterprises where the percentage of state assets (or shares by the state) is larger than any other single share holder of the same enterprise. This sub-classification illustrates the control of the state assets.

Collective Enterprises　refer to economic entities registered in accordance with the *Regulation of the People's Republic of China on the Management of Registration of Legal Enterprises,* where assets are owned collectively. Collective enterprises constitute an integral part of the socialist economy with public ownership. They include urban and rural enterprises invested collectively, and some enterprises registered in industrial and commercial administration agency as collective units where funds are pooled together by individuals who voluntarily give up their rights of ownership.

10 ■ Concepts and Definitions for Major Indicators

港、澳、台商投资企业 指企业注册登记类型中的港、澳、台资合资、合作、独资经营企业和股份有限公司之和。

Enterprises with Funds from Hong Kong, Macao and Taiwan refer to all industrial enterprises registered as the joint-venture cooperative, sole(exclusive) investment industrial enterprises and limited liability corporations with funds from Hong Kong, Macao and Taiwan.

外商投资企业 指企业注册登记类型中的中外合资、合作经营企业，外资企业和外商投资股份有限公司之和。

Foreign Funded Enterprises refer to all industrial enterprises registered as the joint-venture, cooperative, sole(exclusive) investment industrial enterprises and limited liability corporations with foreign funds.

城镇居民可支配收入 指居民家庭在支付个人所得税后余下的实际收入，即实际收入减去个人所得税、家庭副业生产支出和记账补贴后的余额。

Disposable Income of Urban Households equals the actual income deducted by the personal income tax, that is the remainder of the actual income deducted by the personal income tax, the expenditure of the sideline production of households and the subsidies paid for sample-data-collecting.

全社会固定资产投资 固定资产投资额是以货币表现的建造和购置固定资产活动的工作量。全社会固定资产投资包括国有经济单位投资、城乡集体经济单位投资、各种经济类型的单位投资和城乡居民个人投资。

Total Investment in Fixed Assets value of investment in fixed assets refers to construction and purchase of fixed assets in money terms. Total investment in fixed assets includes investment by state-owned units, urban and rural collective units, and units of various other kinds of ownership and individual investment by urban and rural residents.

基本建设投资 指企业、事业、行政单位以扩大生产能力或工程效益为主要目的的新建、扩建工程及有关工作，包括工厂、矿山、铁路、桥梁、港口、农田水利、商店、住宅、学校、医院等工程的建造和机器设备、车辆、船舶、飞机等的购置。

Capital Construction Investment refers to investment in new projects or an addition to existing facilities for the purposes of enlarging production capacity or improving efficiency, which includes construction of plants, mines, railways, bridges, harbors, water conservation facilities, stores, residential facilities, schools, hospitals, and purchase of machinery and equipment, vehicles, ships, and planes.

基本建设投资额 指以货币表现的基本建设完成的工作量。它是根据工程的实际进度按预算价格（预算价格是编制施工图预算时所用的价格）计算的工作量，没有形成工程实体的建筑材料和没有开始安装的设备，都不计算投资完成额。

Value of Construction Investment refers to completion of capital construction in money terms. It is calculated at budget prices according to the actual completion of the project and therefore, construction materials and equipment not put into operation are not included.

更新改造投资 更新改造指国有企业、事业单位对原有设施进行固定资产更新和技术改造，以及相应配套的工程和有关工作（不包括大修理和维护工程）。更新改造投资是以货币表现的更新改造完成的工作量。

Technical Upgrading and Transformation refers to the investment in projects to renew, modernize or replace existing assets and related supplementary projects (excluding major repairs and maintenance projects), which is presented in money terms.

10 ■ 主要指标的概念及定义

社会消费品零售额　指各种经济类型的批发和零售贸易业、餐饮业、制造业和其他行业对城乡居民和社会集团的消费品零售额。这个指标反映通过各种商品流通渠道向居民和社会集团供应的满足他们生活需要的消费品，是研究人民生活水平、社会消费品购买力、货币流通等问题的重要指标。

进出口总额　指实际进出我国境内的货物总金额。进出口总额用于观察一个国家在对外贸易方面的总规模。我国规定出口货物按离岸价格统计，进口货物按到岸价格统计。

净出口　指出口与进口的差额。

外商直接投资　指外国企业和经济组织或个人（包括华侨、港澳台胞以及我国在境外注册的企业）按我国有关政策、法规，用现汇、实物、技术等在我国境内开办外商独资企业，与我国境内的企业或经济组织共同举办中外合资经营企业、合作经营企业或合作开发资源的投资（包括外商投资收益的再投资），以及经政府有关部门批准的项目投资总额内，企业从境外借入的资金。

外汇储备　指一国政府所拥有的全部外汇，其表现形式可以是在国外银行的存款、外国国库券和长短期债券，以及在国际收支发生逆差时可以动用的债权。

Value of Retail Sales of Consumer Goods　refers to the sum of retail sales of consumer goods by wholesale and retail industry, catering, manufacturing establishments and establishments in other industries of different types of ownership to urban and rural households and institutions, as well as retail sales by farmers to non-agricultural households. Illustrating the supply of consumer goods through various channels to households and institutions to meet their demands, this is an important indicator for the study of issues on people's livelihood, on the purchasing power of consumer goods and on the circulation of money.

The Total Value of Imports and Exports at Customs　refers to the value of commodities imported into and exported from the boundary of China. The indicator of the total value of imports and exports at customs can be used to observe the total size of external trade in a country. Under the stipulation of Chinese government, exports are calculated on FOB basis, while imports are on CIF basis.

Net Export　refers to the difference between the value of exports and imports.

Direct Investment by Foreign Business　refers to the investment inside China by foreign enterprises and economic organizations or individuals (including overseas Chinese, compatriots in Hong Kong, Macao and Taiwan, and Chinese enterprises registered abroad), following the relevant policies and laws of China, for the establishment of wholly foreign-owned enterprises, by means of convertible currencies, supplies, technique and so on and the establishment of joint venture enterprises, contractual joint ventures or co-operative exploration of resources with enterprises or economic organization in China (including re-investment of profits from foreign businessmen's enterprises), and the funds that enterprises borrow from abroad in the total investment of projects which are approved by the relevant department of the government.

Foreign Exchange Reserves　refer to the total amount of foreign exchange held by the government of one country which can be in the form of the bank deposits abroad, treasury bonds, short-term and long-term bonds of foreign countries and the claims on nonresidents which can be utilized as the financing resources should the balance of payments deficits arise.

[10] Concepts and Definitions for Major Indicators

[2] 金融机构信贷收支表（人民币）

对金融机构信贷收支表的说明

金融机构包括中国人民银行、中国工商银行、中国农业银行、中国银行、中国建设银行、国家开发银行、中国进出口银行、中国农业发展银行、交通银行、中信银行、中国光大银行、华夏银行、广发银行、平安银行、招商银行、上海浦东发展银行、兴业银行、中国民生银行、恒丰银行、浙商银行、渤海银行、城市商业银行、城市信用社、农村信用社、农村商业银行、农村合作银行、外资银行、财务公司、信托投资公司、金融租赁公司、中国邮政储蓄银行、村镇银行*。

[注1] 对2006年货币统计报表的说明

自2006年起，中国人民银行按照国际货币基金组织《货币与金融统计手册》对货币金融统计制度进行了修订。2006年一季度及以后各期数据与历史数据不完全可比。修订的主要内容包括以下三个方面：

①在机构分类上，将金融性公司划分为存款性公司和其他金融性公司，存款性公司划分为货币当局和其他存款性公司。货币当局为中国人民银行，其他存款性公司包括四大国有商业银行、其他国有银行、股份制商业银行、合作金融机构、中国邮政储蓄银行、财务公司。

②根据金融性公司新分类，开始编制其他存款性公司资产负债表；将中央银行资产负债表、其他存款性公司资产负债表合并，编制存款性公司概览。存款性公司概览同原银行概览相比，不包含信托投

[2] **Sources and Uses of Credit Funds of Financial Institutions (RMB)**

Notes to the Sheet of the Sources and Uses of Credit Funds of Financial Institutions

Financial Institutions include the People's Bank of China, Industrial and Commercial Bank of China, Agricultural Bank of China, Bank of China, China Construction Bank, China Development Bank, Export-Import Bank of China, Agricultural Development Bank of China, Bank of Communications, CITIC Bank, China Everbright Bank, Hua Xia Bank, China Guangfa Bank, Ping An Bank, China Merchants Bank, Shanghai Pudong Development Bank, Industrial Bank Co., Ltd., China Minsheng Banking Corporation, Evergrowing Bank, China Zheshang Bank, China Bohai Bank, Urban Commercial Banks, Urban Credit Cooperatives, Rural Credit Cooperatives, Rural Commercial Banks, Rural Cooperative Banks, Foreign-funded Bank, Finance Companies, Trust and Investment Companies, Financial Leasing Companies and Postal Savings Bank of China, Rural Banks*.

Note 1: Introduction to 2006 Revision of Monetary Statistics

Since 2006, the People's Bank of China has revised the system of monetary and financial statistics in line with the IMF *Manual on Monetary and Financial Statistics*. As from the first quarter of 2006, the monetary statistics thereafter are not fully comparable with historical statistics. The revision includes the following 3 aspects:

① To reclassify the Financial Corporations as the depository corporations and other financial corporations. Depository corporations are sub-divided into categories of the monetary authority and other depository corporations. The monetary authority is the People's Bank of China; other depository corporations include 4 Major State-owned Commercial Banks, Other State-owned Banks, Joint Stock Commercial Banks, Cooperative Financial Institutions, Postal Savings Bank of China, Finance Companies.

② The balance sheet of other depository corporations has been compiled according to the new classification of the financial corporations since 2006. Depository corporations survey is the consolidation of the balance sheets of the monetary authority and the other depositary corporations. The

---

* 自2009年1月起，金融机构包括村镇银行。

* As of January 2009, Rural Banks were included in the coverage of financial institutions.

10 ■ 主要指标的概念及定义

资公司和金融租赁公司。从 2006 年开始不再编制银行概览、货币概览、存款货币银行资产负债表和特定存款机构资产负债表。

③调整部分报表项目。如将中央银行资产负债表中的"对存款货币银行债权""对特定存款机构债权""对其他金融机构债权"调整为"对其他存款性公司债权"和"对其他金融性公司债权"两项，将"储备货币"项下的"金融机构存款"三个子项调整为"其他存款性公司存款""其他金融性公司存款"等。

1. 货币当局

中国人民银行。

2. 其他存款性公司

（1）四大国有商业银行：中国工商银行、中国农业银行、中国银行、中国建设银行。

（2）其他国有银行：国家开发银行、中国进出口银行、中国农业发展银行。

（3）股份制商业银行：交通银行、中信银行、中国光大银行、华夏银行、广发银行、平安银行、招商银行、上海浦东发展银行、兴业银行、中国民生银行、恒丰银行、浙商银行、渤海银行、农村商业银行、城市商业银行、外资商业银行。

（4）合作金融机构：城市信用社、农村信用社、农村合作银行。

（5）中国邮政储蓄银行。

（6）财务公司。

main distinction between depository corporations survey and banking survey lies in the fact that data of trust and investment companies and financial leasing companies are not included in the depository corporations survey. Since 2006, the banking survey, monetary survey, balance sheet of monetary authorities, balance sheet of deposit money banks, balance sheet of specific depository institutions will no longer be compiled.

③ Adjust some items of all relevant statistical sheets. Examples: reclassify the 3 balance sheet items of the central bank— "claims on deposit money banks" "claims on specific depository institutions" and "claims on other financial institutions" to "claims on other depository corporations" and "claims on other financial corporations". Reclassify the 3 sub-items of "deposits of financial institutions" under "reserve money" to "deposits of other depository corporations" and "deposits of other financial corporations", etc..

1. Monetary Authority

The People's Bank of China.

2. Other Depository Corporations

(1) 4 Major State-owned Commercial Banks: Industrial and Commercial Bank of China, Agricultural Bank of China, Bank of China, China Construction Bank.

(2) Other State-owned Banks: China Development Bank, Export-Import Bank of China, Agricultural Development Bank of China.

(3) Joint Stock Commercial Banks: Bank of Communications, CITIC Bank, China Everbright Bank, Hua Xia Bank, China Guangfa Bank, Ping An Bank, China Merchants Bank, Shanghai Pudong Development Bank, Industrial Bank, China Minsheng Banking Corporation, Evergrowing Bank, China Zheshang Bank, China Bohai Bank, Rural Commercial Banks, Urban Commercial Banks, Foreign-funded Commercial Banks.

(4) Cooperative Financial Institutions: Urban Credit Cooperatives, Rural Credit Cooperatives, Rural Cooperative Banks.

(5) Postal Savings Bank of China.

(6) Finance Companies.

10 ■ Concepts and Definitions for Major Indicators

3. 其他金融性公司

（1）保险公司和养老基金（企业年金）。

（2）信托投资公司。

（3）金融租赁公司。

（4）资产管理公司。

（5）汽车金融服务公司。

（6）金融担保公司。

（7）证券公司。

（8）投资基金。

（9）证券交易所。

（10）其他金融辅助机构。

[注2] 对2010年货币统计报表的说明

　　自2010年1月起，中国人民银行按照国际货币基金组织《货币与金融统计手册》的概念、定义和分类，以中国境内各金融机构的本、外币业务统计数据为基础编制货币统计报表。

主要变动

　　1．由于金融机构分组、会计科目的变动，本书对2009年12月末数据进行了修正。

　　2．调整其他存款性公司机构分组方法。

　　增设"中资大型银行资产负债表""中资中型银行资产负债表"和"中资小型银行资产负债表"。终止"国有商业银行资产负债表""股份制商业银行资产负债表""政策性银行资产负债表""城市商业银行资产负债表""中国邮政储蓄银行资产负债表"。

3. Other Financial Corporations

(1) Insurance Companies and Pension Fund (enterprise annuities).

(2) Financial Trust and Investment Companies.

(3) Financial Leasing Companies.

(4) Asset Management Companies.

(5) Auto Financing Companies.

(6) Financial Guarantee Companies.

(7) Securities Companies.

(8) Investment Funds.

(9) Stock Exchange.

(10) Other Financial Auxiliary Institutions.

Note 2: Introduction to 2010 Revision of Monetary Statistics

As of January 2010, monetary and financial statistics are compiled based on the RMB and foreign currency statistical data of domestically operating financial institutions, in line with the concept, definition and classification of the IMF *Manual of Monetary and Financial Statistics*, by the People's Bank of China.

Major Revisions

1. Statistical data of December 2009 is adjusted as a result of the change in institutional classification and accounting items.

2. Classification of other depository corporations is adjusted.

Newly added balance sheets are compiled for: "Large-sized Domestic Banks" "Medium-sized Domestic Banks" and "Small-sized Domestic Banks".Original balance sheets are suspended for: "State-owned Commercial Banks" "Joint Stock Commercial Banks" "Policy Banks" "Urban Commercial Banks" and "Postal Savings Bank of China".

10 ■ 主要指标的概念及定义

中资大型银行：本外币资产总量超过 2 万亿元的中资银行（以 2008 年末各金融机构本外币资产总额为参考标准）。

中资中型银行：本外币资产总量小于 2 万亿元且大于 3000 亿元的中资银行。

中资小型银行：本外币资产总量小于 3000 亿元的中资银行。

　3. 修订后的金融机构分组如下：

　　（1）货币当局：中国人民银行。

　　（2）其他存款性公司。

　　　①中资大型银行：中国工商银行、中国建设银行、中国农业银行、中国银行、国家开发银行、交通银行、中国邮政储蓄银行。

　　　②中资中型银行：招商银行、中国农业发展银行、上海浦东发展银行、中信银行、兴业银行、中国民生银行、中国光大银行、华夏银行、中国进出口银行、广发银行、平安银行、北京银行、上海银行、江苏银行。

　　　③中资小型银行：恒丰银行、浙商银行、渤海银行、小型城市商业银行、农村商业银行、农村合作银行、村镇银行。

　　　④外资商业银行。

　　　⑤城市信用社。

　　　⑥农村信用社。

　　　⑦财务公司。

　　（3）其他金融性公司。

Large-sized Domestic Banks: refer to all the domestic banks with the total RMB and foreign currency asset volume more than 2 trillion yuan (as of year-end 2008).

Medium-sized Domestic Banks: refer to all the domestic banks with the total RMB and foreign currency asset volume more than 300 billion yuan but less than 2 trillion yuan.

Small-sized Domestic Banks: refer to all the domestic banks with the total RMB and foreign currency asset volume less than 300 billion yuan.

3. Classification of Financial Institutions:

(1) Monetary Authority: the People's Bank of China.

(2) Other Depository Corporations.

① Large-sized Domestic Banks: Industrial and Commercial Bank of China, China Construction Bank, Agricultural Bank of China, Bank of China, China Development Bank, Bank of Communications, Postal Savings Bank of China.

② Medium-sized Domestic Banks: China Merchants Bank, Agricultural Development Bank of China, Shanghai Pudong Development Bank, CITIC Bank, Industrial Bank Co., Ltd., China Minsheng Banking Corporations, China Everbright Bank, Huaxia Bank, Export-Import Bank of China, China Guangfa Bank, Ping An Bank, Bank of Beijing, Bank of Shanghai, Bank of Jiangsu.

③ Small-sized Domestic Banks: Evergrowing Bank, China Zheshang Bank, China Bohai Bank, Small-sized Urban Commercial Banks, Rural Commercial Banks, Rural Cooperative Banks, Rural Banks.

④ Foreign-funded Commercial Banks.

⑤ Urban Credit Cooperatives.

⑥ Rural Credit Cooperatives.

⑦ Finance Companies.

(3) Other Financial Corporations.

10 ■ Concepts and Definitions for Major Indicators

①保险公司和养老基金（企业年金）。

②信托投资公司。

③金融租赁公司。

④金融资产管理公司。

⑤汽车金融服务公司。

⑥金融担保公司。

⑦证券公司。

⑧投资基金。

⑨证券交易所。

⑩其他金融辅助机构。

① Insurance Companies and Pension Fund (Enterprise Annuities).

② Financial Trust and Investment Companies.

③ Financial Leasing Companies.

④ Asset Management Companies.

⑤ Auto Financing Companies.

⑥ Financial Guarantee Companies.

⑦ Securities Companies.

⑧ Investment Funds.

⑨ Stock Exchange.

⑩ Other Financial Auxiliary Institutions.

主要指标解释

2.1 ■ 货币当局资产负债表

1. **国外资产**：中国人民银行控制的以人民币计值的国家外汇储备、货币黄金及在国际金融机构的头寸和以外汇缴存的人民币存款准备金。

2. **对政府债权**：中国人民银行持有的政府债券。

3. **对其他存款性公司债权**：中国人民银行对其他存款性公司发放的贷款、再贴现、持有的其他存款性公司发行的金融债券及从其他存款性公司买入的返售证券等。

4. **对其他金融性公司债权**：中国人民银行对其他金融性公司发放的贷款，办理的再贴现及持有的其他金融性公司发行的债券等。

5. **对非金融性公司债权**：中国人民银行为支持老、少、边、穷地区发展而发放的专项贷款等。

Major Indicators

2.1 ■ Statistical Composition of the Balance Sheet of Monetary Authorities

1. **Foreign Assets:** mainly include Renminbi equivalent value of the state foreign exchange reserves, monetary gold and position of the People's Bank of China with international financial institutions, as well as the RMB required reserves in foreign currencies.

2. **Claims on Government:** holding of government bonds by the People's Bank of China.

3. **Claims on Other Depository Corporations:** financing by the People's Bank of China in forms of lending, rediscounting, repos and etc., to other depository corporations, and purchased bonds issued by other depository corporations.

4. **Claims on Other Financial Corporations:** financing by the People's Bank of China in forms of lending and rediscounting, etc., to other financial corporations,and purchased bonds issued by other financial corporations.

5. **Claims on Non-financial Corporations:** ear-marked loan of the People's Bank of China to poor,remote,and minorities areas for economic development.

10 ■ 主要指标的概念及定义

6．其他资产：在本表中未作分类的资产。

7．储备货币：中国人民银行发行的货币，金融机构在中国人民银行的准备金存款。

8．发行债券：中国人民银行发行的债券。

9．国外负债：以人民币计值的中国人民银行对非居民的负债，主要包括国际金融机构在中国人民银行的存款等。

10．政府存款：各级政府在中国人民银行的财政性存款。

11．自有资金：中国人民银行信贷基金。

12．其他负债：在本表中未作分类的负债。

2.2 ■ 其他存款性公司资产负债表

1．国外资产：其他存款性公司以人民币计值的对非居民的债权，主要包括库存外币现金、存放境外同业、拆放境外同业、境外有价证券投资、境外贷款等。

2．储备资产：其他存款性公司存放在中国人民银行的准备金存款及库存现金。

3．对政府债权：其他存款性公司持有的政府债券。

4．对中央银行债权：其他存款性公司持有的中国人民银行发行的债券及其他债权。

5．对其他存款性公司债权：其他存款性公司持有的本机构以外的其他存款性公司以本币和外币计值的可转让存款、贷款、股票及其他股权、金融衍生工具等。

6. **Other Assets:** the assets not classified in the sheet.

7. **Reserve Money:** currency issued by the People's Bank of China and reserve requirements of financial insitutions.

8. **Bond Issue:** bonds issued by the People's Bank of China.

9. **Foreign Liabilities:** RMB equivalent value of non-resident claims on the People's Bank of China, mainly including deposits of international organizations with the People's Bank of China.

10. **Government Deposits:** treasury deposits of fiscal departments at various levels with the People's Bank of China.

11. **Self-owned Funds:** credit funds of the People's Bank of China.

12. **Other Liabilities:** the liabilities not classified in the sheet.

2.2 ■ Statistical Composition of the Balance Sheet of Other Depository Corporations (ODCs)

1. **Foreign Assets:** claims of other depository corporations on non-residents in Renminbi equivalent value, including cash in vaults, deposits with and lendings to foreign banks, overseas portfolio investments and overseas lending.

2. **Reserve Assets:** reserve requirements account with the People's Bank of China and cash in vaults.

3. **Claims on Government:** government bonds purchased by other depository corporations.

4. **Claims on Central Bank:** central bank bonds purchased by other depository corporations, and other claims on central bank.

5. **Claims on Other Depository Corporations:** claims of other depository corporations (ODCs)on other ODCs denominated in Renminbi or in foreign currencies, including transferrable deposits, loans,shares and other equities and financial derivatives, etc..

10 ▌ Concepts and Definitions for Major Indicators

6．对其他金融性公司债权：其他存款性公司存放和拆放给其他金融性公司的款项及持有其他金融性公司发行的债券等。

7．对非金融性公司债权：其他存款性公司对非金融性公司发放的贷款、票据融资和对非金融性公司的投资等。

8．对其他居民部门债权：其他存款性公司对其他居民部门发放的贷款等。

9．其他资产：在本表中未作分类的资产。

10．对非金融机构及住户负债：其他存款性公司吸收的非金融机构及住户的活期存款、定期存款、储蓄存款、外汇存款及其他负债。

11．对中央银行负债：其他存款性公司向中国人民银行借入的款项，包括再贷款、再贴现、债券回购等。

12．对其他存款性公司负债：其他存款性公司从其他存款性公司吸收的存款和拆入款项等。

13．对其他金融性公司负债：其他存款性公司从其他金融性公司吸收的存款和拆入款项等。

14．国外负债：其他存款性公司以人民币计值的对非居民的负债，如非居民外汇存款、境外筹资和国外同业往来等。

15．债券发行：其他存款性公司为筹措资金而发行的债券等。

16．实收资本：其他存款性公司实际收到出资人投入公司的资本。

17．其他负债：在本表中未作分类的负债。

6. Claims on Other Financial Corporations: deposits with and lending to other financial corporations by other depository corporations and purchased bonds issued by these financial corporations.

7. Claims on Non-financial Corporations: loans to, notes on discount to and investment in non-financial corporations by other depository corporations.

8. Claims on Other Resident Sectors: loans to other resident sectors by other depository corporations.

9. Other Assets: the assets not classified in the sheet.

10. Liabilities to Non-financial Institutions & Households Sectors: deposits of non-financial & households sectors with other depository corporations, including demand deposits, time deposits and saving deposits, foreign exchange savings and other liabilities.

11. Liabilities to Central Bank: borrowing from the People's Bank of China in forms of borrowing, rediscounting, repos and etc., by other depository corporations.

12. Liabilities to Other Depository Corporations: deposits of and borrowing from other ODCs by other depository corporations.

13. Liabilities to Other Financial Corporations: deposits of and borrowing from other financial corporations.

14. Foreign Liabilities: liabilities of other depository corporations to non-residents in Renminbi equivalent value, including foreign exchange deposit of non-resident, external borrowing, and inter-bank transactions with foreign banks.

15. Bonds Issue: bonds issued by other depository corporations.

16. Paid-up Capital: capital contributed actually by the investors to other depository corporations.

17. Other Liabilities: the liabilities not classified in the sheet.

10 ■ 主要指标的概念及定义

2.3 ■ 存款性公司概览及货币供应量

将汇总的货币当局资产负债表与汇总的其他存款性公司资产负债表合并，编制存款性公司概览。

广义货币为存款性公司概览中的货币和准货币，现阶段我国货币供应量分为以下三个层次：

M0：流通中现金；
M1：货币，M0 + 活期存款；
M2：M1 + 准货币。

自 2001 年 6 月起，准货币中含证券公司存放在金融机构的客户保证金。

3 ■ 金融市场

金融市场指资金供给者和资金需求者从事资金融通活动的场所。

同业拆借　指与全国银行间同业拆借中心联网的金融机构之间通过同业中心的交易系统进行的无担保资金融通行为。拆借期限最短为 1 天，最长为 1 年。交易中心按 1 天、7 天、14 天、21 天、1 个月、2 个月、3 个月、4 个月、6 个月、9 个月、1 年共 11 个品种计算和公布加权平均利率。

质押式回购　指交易双方进行的以债券为权利质押的一种短期资金融通业务，指资金融入方（正回购方）在将债券出质给资金融出方（逆回购方）融入资金的同时，双方约定在将来某一日期由正回购方按约定回购利率计算的资金额向逆回购方返还资金，逆回购解除出质债券上权利的融资行为。质押式回购的期限为 1 天到 365 天，交易系统按 1 天、7 天、14 天、21 天、1 个月、2 个月、3 个月、4 个月、6 个月、9 个月、1 年共 11 个品种统计公布质押式回购的成交量和成交价。

2.3 ■ Depository Corporations Survey and Money Supply

Depository corporations survey is the consolidation of the balance sheets of the monetary authorities and other depository corporations.

Broad money is the money and the quasi-money of the depository corporations. There are three indicators of money stock at current stage in China:

M0: currency in circulation;
M1: or money, M0 + demand deposits;
M2: M1 + quasi-money.

Since June 2001, other deposits would include margin account of security companies maintained with financial institutions.

3 ■ Financial Markets

Financial markets are markets in which financing activities occur between supplier and demander.

Interbank Lending　refers to no-guarantee financing business which is dealt through the trading system of the CFETS by and among financial institutions which link the CFETS via the network. For interbank lending, the shortest term is 1 day, and the longest term is 1 year. The CFETS is responsible for calculating and publicating the weighted average rates in accord with a total of 11 terms including 1 day, 7 days, 14 days, 21 days, 1 month, 2 months, 3 months, 4 months, 6 months, 9 months, and 1 year.

Pledged Repo　a type of short-term financing business where bonds are used by both trading parties as a pledge of rights. It refers to a financing act in which borrower (positive repo party), pledges bonds to lender (reverse repo party) for funds, and at the same time two parties agree upon that when at a future date positive repo party returns the amount of funds calculated at the specified repo rate to the reverse repo party, the reverse repo party shall lift the pledged rights on the pledged bonds. The terms of pledged repo range from 1 day to 365 days. Through the trading system, the trading volume and price of pledged repo is publicly released as a total of 11 terms including 1 day, 7 days, 14 days, 21 days, 1 month, 2 months, 3 months, 4 months, 6 months, 9 months and 1 year.

10 █ Concepts and Definitions for Major Indicators

债券 以票据形式筹集资金而发行的、承诺按一定利率付息和一定期限偿还本金的书面债务证书。包括国债、中央银行票据、金融债券、公司信用类债券等。

Bonds negotiable and bearer instruments which give the holder the unconditional right to a fixed or contractually determined variable interest on a specified date or dates. They include government securities, central bank bills, financial bonds, and corporate debenture bonds etc..

国债 政府发行的债券。

Government Securities securities issued by the government.

金融债券 除中央银行以外的金融机构发行的债券。

Financial Bonds bonds issued by the financial institutions excluding the central bank.

公司信用类债券 非金融企业发行的债券，包括非金融企业债务融资工具、企业债券以及公司债、可转债等。

Corporate Debenture Bonds bonds issued by the non-financial corporate businesses and include non-financial enterprise financing instruments, enterprise bonds, corporate bonds, convertible bonds, etc..

Shibor 上海银行间同业拆放利率，以位于上海的全国银行间同业拆借中心为技术平台计算、发布并命名，是由信用等级较高的银行组成报价团自主报出的人民币同业拆出利率计算确定的算术平均利率，是单利、无担保、批发性利率。目前，对社会公布的 Shibor 品种包括隔夜、1 周、2 周、1 个月、3 个月、6 个月、9 个月及 1 年。

Shibor Shanghai Interbank Offered Rate is calculated, announced and named on the technological platform of the National Interbank Funding Center in Shanghai. It is a simple, no-guarantee, wholesale interest rate calculated by arithmetically averaging all the interbank RMB lending rates offered by the price quotation group of banks with a high credit rating. Currently, the Shibor consists of eight maturities: overnight, 1 week, 2 weeks, 1 month, 3 months, 6 months, 9 months and 1 year.

中债国债收益率曲线 以全国银行间市场发行的人民币计价的固定利率国债为样本券，期限自隔夜至50 年的收益率曲线。样本券发行人为中华人民共和国财政部。

Chinabond Yield Curve of Government Securities the yield curve with sample securities of CNY-denominated fixed-rate treasury bond with Yield-to-Maturity from O/N to 50 years in national interbank market. The issuer of the sample securities is Ministry of Finance of People's Republic of China.

中债中短期票据收益率曲线（AAA 级） 以全国银行间市场发行的人民币计价的固定利率中期票据、短期融资券、超短期融资券和非公开定向债务融资工具为样本券，期限自隔夜至 15 年的收益率曲线。样本券发行人为主体信用评级为 AAA 级的非金融机构。

Chinabond Yield Curve of Medium/Short-term Notes (AAA) the yield curve with sample securities of CNY-denominated fixed-rate Medium-term notes, Short-term financing bonds, Super Short-term commercial paper and Privately placed debt-financing instruments with Yield-to-Maturity from O/N to 15 years in national interbank market. The issuer of the sample securities are non-financial institutions with credit rating of AAA.

10 ■主要指标的概念及定义

4 ■资金流量核算（金融账户）主要指标的概念及定义

资金流量核算（金融账户）[①]　资金流量核算是指将整个社会资金运行过程作为研究对象，围绕收入分配、消费支出、投资和金融等经济活动，考察社会资金在一定时期内的流向、流量、余缺及其调剂平衡等问题的一种社会资金核算方法。金融账户记录发生在常住机构单位之间或常住机构单位与国外之间的、涉及金融资产和负债的流量与存量状况。金融账户采用复式记账法，将国民经济所有的机构单位分为五大机构部门：住户、非金融企业、广义政府、金融机构和国外，列在矩阵账户的宾栏；将所采用的金融工具进行分类，列在矩阵账户的主栏。在每一机构部门下，设置来源方与运用方。流量反映各机构部门各种金融资产与负债在一个时期内的变化，存量反映机构部门在核算期末所拥有的资产或负债的总价值。

住户部门　由城镇住户和农村住户构成，包含个体经营户。该部门主要从事最终消费活动及以自我使用为目的的生产活动，也从事少量的以盈利为目的的生产活动。

非金融企业部门　由所有从事非金融生产活动，并以盈利为目的的常住独立核算的法人企业单位组成。

广义政府部门　由中央政府、各级地方政府、机关团体和社会保险基金组成。该部门为公共和个人消费提供非营利性产出，并承担对国民收入和财富进行再分配的职责。

金融部门　由主要从事金融中介或相关辅助性金融活动的金融性公司和准公司组成。该部门提供银行、保险、证券业等金融服务。

4 ■ Concepts and Definitions for major Indicators of Flow of Funds Accounting (Financial Accounts)

Flow of Funds Accounting (Financial Accounts)[①]　flow of Funds Accounting is an accounting method to investigate flow of funds' direction and amount, surplus and deficits, and balances of a whole society in a certain period of time. The method takes the whole process of social capital movement as the research object, focusing on income distribution, consumption expenditure, investment, finance and other activities. Financial accounts record transactions and stocks that involve financial assets and liabilities that take place among resident institutional units and between resident institutional units and the rest of the world. Financial accounts adopt a double entry method. All institutional units are grouped under five sectors: households, non-financial corporations, general government, financial institutions and the rest of the world. All financial transactions taking place among the five sectors are classified by financial instruments. Financial instruments and sectors are listed on rows and columns of matrix respectively. The terms sources and uses are employed under sectors. Flows reflect changes in financial assets and liabilities of each sector over a period of time. Stocks reflect outstanding of assets or liabilities owned by different instituitional sectors at the end of an accounting period.

Households　include urban households, rural households and individual enterprises. The sector is mainly engaged in final consumption, self-serving production, and several profit-making production activities.

Non-financial Corporations　consist of profit-making resident corporations that have independent accounting and whose principal activity is the production of goods and non-financial services.

General Government　includes the central government, local governments, government organizations and social security funds. They produce and supply non-profit output for public and individual consumption.They also assume responsibilities for redistributing national income and wealth.

Financial Institutions　include financial corporations and quasi-corporations that are mainly engaged in financial intermediary or relevant financial activities. These instituitions provide financial services in banking, insurance, and securities.

---

① 目前有些金融交易尚无法统计，如股权、商业信用和某些应收应付项目等。
① Some financial transactions are not accounted temporarily, such as equity, trade credit, some accounts receivable/payable.

10 ■ Concepts and Definitions for Major Indicators

国外部门 与国内机构单位发生金融交易的所有非常住机构单位。

The Rest of the World non-resident units which have financial transactions with resident units.

资金运用合计 各部门资金运用之和。

Financial Uses are the total amounts in the uses column of each sector.

资金来源合计 各部门资金来源之和。

Financial Sources are the total amounts in the sources column of each sector.

净金融投资 资金运用合计与资金来源合计的差额。

Net Financial Investment is the differences between financial uses and financial sources.

通货① 以现金形式存在于市场流通领域中的货币，包括辅币和纸币。

Currency① notes and coins in circulation.

存款 以各种形式存在存款类金融机构的存款，包括活期存款、定期存款、财政存款、外汇存款和其他存款等。

Deposits all types of deposits of depository financial institutions, including demand deposits, time deposits, fiscal deposits, foreign exchange deposits, and others.

活期存款 没有约定期限、随时可提取使用的存款。

Demand Deposits deposits which can be withdrawn on demand.

定期存款 约定存期、利率，到期支取本息的存款。

Time Deposits deposits that are subject to a fixed term and interest rate, which can be withdrawn principal and interest after the specified term.

财政存款 财政部门存放在银行业金融机构的各项财政资金。

Fiscal Deposits deposits of government sector in the banking financial institutions.

外汇存款 境内各机构部门在境内金融机构及境外的外币存款，以及国外部门在国内金融机构的外币存款。

Foreign Exchange Deposits foreign exchange denominated deposits of non-financial residents with domestic financial institutions and the rest of the world, and those of non-residents with domestic financial institutions.

其他存款 未包括在以上存款中的其他存款，如委托存款、信托存款等。

Other Deposits deposits which are not classified above, such as designated deposits and trust deposits.

---

① 现在还无法统计人民币在国外流通及外币在国内流通的货币数量。

① RMB circulated in foreign countries and the domestically circulated foreign currencies are not accounted temporarily.

10 ■ 主要指标的概念及定义

贷款　指金融机构发放的各类贷款，包括短期贷款、票据融资、中长期贷款、外汇贷款、委托贷款和其他贷款等。

短期贷款与票据融资　指金融机构发放的短期贷款和票据融资。其中，短期贷款指金融机构提供的期限在 1 年以内（含 1 年）的贷款；票据融资指银行业金融机构通过对客户持有的商业汇票、银行承兑汇票等票据进行贴现提供的融资。

中长期贷款　金融机构为企业和住户等部门提供的期限在 1 年以上的贷款。

外汇贷款　境内金融机构对其他机构部门提供的外币贷款，以及国外对境内机构提供的贷款。

委托贷款　由政府部门、企事业单位及个人等委托人提供资金，由贷款人（受托人）根据委托人确定的贷款对象、用途、金额、期限、利率等代为发放、监督使用并协助收回的贷款。

其他贷款　未包括在以上贷款中的其他贷款，如信托贷款、融资租赁、各项垫款等。

未贴现的银行承兑汇票　指未在银行贴现的银行承兑汇票，即企业签发的全部银行承兑汇票扣减已在银行表内贴现部分。

保险准备金　指社会保险基金和商业保险基金的净权益、保险费预付款和未结索赔准备金。

金融机构往来　指金融机构部门与子部门之间发生的同业存放、同业拆借和债券回购等。

Loans　all kinds of loans including short-term loans, bills financing, medium-term and long-term loans, foreign exchange loans, designated loans and other loans.

Short-term Loans and Bills Financing　loans provided by financial institutions with a short-term maturity (usually within one year or one year) are short-term loans; bills financing means that financial institutions offer funds to clients by discounting the commercial papers, bankers' acceptance bills and other papers held by the clients.

Medium-term and Long-term Loans　oans from financial institutions to enterprises and households with longer maturities (usually more than one year).

Foreign Exchange Loans　loans in foreign currencies made by domestic financial institutions to non-financial residents and the rest of the world and loans to residents by the rest of the world.

Designated Loans　used and managed for specific targets and goals by banking institutions entrusted by governments, enterprises, households or other designators that have offered the funds.

Other Loans　loans that are not classified above, such as trust loans, financial leasing and advances.

Undiscounted Bankers' Acceptance Bills　bankers' acceptance bills which haven't been discounted in financial institutions, equals all the bankers' acceptance bills minus their discounted parts.

Insurance Technical Reserves　consist of net equity of social insurance and commercial insurance funds reserves, prepayments of insurance premiums, and reserves for outstanding claims.

Inter-financial Institutions Accounts　consist of nostro & vostro accounts, interbank lending and repo among the sub-sectors of financial institutions.

10 ■ Concepts and Definitions for Major Indicators

存款准备金 指各金融机构在中央银行的存款及缴存中央银行的法定准备金。

Required and Excessive Reserves financial institution deposits with the People's Bank of China and required reserves.

债券 机构单位为筹措资金而发行，并且承诺按约定条件偿还的有价证券，包括政府债券、金融债券、中央银行债券、企业债券等。

Bonds securities issued by institutions to raise funds and repaid in line with stipulated terms and conditions, including government bonds, financial bonds, central bank bonds, corporate bonds, etc..

政府债券 政府机构部门发行并承诺在一定期限内还本付息的有价证券。

Government Bonds bonds issued and guaranteed by the government institutions with interest and principal repaid on dates as agreed.

金融债券 除中央银行以外的金融机构发行的债券。

Financial Bonds onds issued by financial institutions excluding the central bank.

中央银行债券 中央银行发行的债券。

Central Bank Bonds bonds issued by the central bank.

企业债券 非金融企业发行的各类债券。

Corporate Bonds bonds issued by the non-financial corporate businesses.

股票[1] 股份有限公司根据《公司法》的规定，为筹集公司资本所发行的、用于证明股东身份和权益并据以获得股息和红利的凭证。

Shares[1] documents which represent property rights on corporations and entitle the holders to a share in the profits of the corporations and to a share in their net assets.

证券投资基金份额 由证券投资基金发行的，证明投资人持有的基金单位数量的受益凭证。

Securities Investment Funds Shares issued by securities investment funds, which represent the quantity of beneficiary certificates to which the investors are entitled.

库存现金 银行机构为办理本币和外币现金业务而准备的现金业务库存。

Cash in Vault local and foreign cash reserved for business by banks.

中央银行贷款 指中央银行向各金融机构的贷款。

Central Bank Loans loans extended by the central bank to financial institutions.

直接投资 外国对我国的直接投资以及我国常住单位对外国的直接投资。

Foreign Direct Investment foreign direct investments from abroad and outward direct investments made by domestic residents.

---

[1] 目前仅含能在股票交易所进行交易的股票的发行筹资额。
[1] Only includes listed shares.

10 ■ 主要指标的概念及定义

其他对外债权债务　除储备资产、外汇存贷款和债券以外的国内与国外之间的债权债务。

国际储备资产　指我国中央银行的对外资产，包括外汇、货币黄金、特别提款权、在国际货币基金组织的储备头寸等。

国际收支误差与遗漏[1]　国际收支平衡表采用复式记账法。由于统计资料来源和时点不同等原因，形成经常账户与资本和金融账户不平衡的统计误差与遗漏。

Other Foreign Assets and Debts　foreign assets and debts that are not included in foreign exchange deposits and loans or in reserve assets.

International Reserve Assets　refer to external assets held by China's central bank, including foreign exchange, monetary gold, SDRs, reserve positions at the International Monetary Fund (IMF), and etc..

Errors and Omissions in the BOP[1]　arise from inconsistencies between current account and capital and financial account due to differences in sources and point of time during the process of compiling the Balance of Payments through double-entry accounting.

5 ■ 5000 户企业景气调查

5000 户企业景气调查制度始建于 1990 年。调查包括月度工业企业主要财务指标统计和季度工业景气状况问卷调查。调查企业以国有大中型工业生产企业为主，还包括一些具有相当经济规模、有代表性的集体工业生产企业及企业集团。1993 年以后增加了部分合资、外资及股份制工业生产企业。调查企业涉及 27 个行业，样本企业结构与中国工业的企业结构基本适应。调查结果大体上能反映中国工业的景气状况。

5 ■ Business Survey of 5000 Principal Enterprises

The system of business survey of 5000 principal enterprises was initiated in 1990. The business survey encompasses monthly statistics of financial indicators of industrial enterprises and quarterly conducted questionnaire research of business conditions of these enterprises. The state-owned large-size and medium-size industrial enterprises constitute the majority of surveyed enterprises with some representative collectively-owned enterprises and conglomerates of handsome economic scale also being included in the samples. Since 1993, some joint venture, foreign-funded and share-holding industrial enterprises have entered into the survey successively. The surveyed enterprises involve 27 industries and the structure of sample enterprises is commensurate with that of China's industrial enterprises. The outcome of the business survey can basically reflect the business conditions of China's industry.

---

[1] 由于无法区分国际收支误差与遗漏中经常项目和资本项目的金额，目前资金流量核算中将国际收支的全部误差与遗漏都记录在资金流量金融账户中。

[1] As it is difficult to identify the size of this item in the current account and that in the capital account, all the errors and omissions in the balance of payments are presented in the financial transaction accounts of the flow of funds statement temporarily.

10　Concepts and Definitions for Major Indicators

货币资金占用系数　为了实现一定量的产品销售需要占用的货币资金数量，即单位销售额占用的货币资金数。它可用于判断企业货币资金的松紧程度。

货币资金占用系数＝期末货币资金余额／（当年累计）产品销售收入额×12／月数

流动比率　指流动资产总额和流动负债总额之比。流动比率表示企业流动资产中在短期债务到期时变现用于偿还流动负债的能力。

流动比率＝流动资产合计／流动负债合计×100%

资产负债率　指一定时期内企业流动负债和长期负债与企业总资产的比率。该指标既反映企业经营风险的大小，又反映企业利用债权人提供的资金从事经营活动的能力。

资产负债率＝（流动负债＋长期负债）／资产总计×100%

流动资产周转率　指一定时期内流动资产平均占用额完成产品销售额的周转次数，反映流动资产周转速度和流动资产利用效果。

流动资产周转率＝（当年累计产品销售收入额×12／月数）／流动资产平均占用额

工业产品销售率　指一定时期内产品销售收入占工业产值的百分比，是反映工业产品生产已实现销售的程度、分析工业产销衔接状况的指标。

工业产品销售率＝产品销售收入额／工业总产值（现价）×100%

销售成本利润率　指一定时期内实现的利润总额与耗费的销售成本总额之间的比率。

销售成本利润率＝利润总额／产品销售成本总额×100%

Ratio of Monetary Funds Occupation　the amount of monetary funds required for realizing a certain amount of product sales, i.e. money required per unit sale. It is used for analyzing monetary situation of enterprises.

Ratio of monetary funds occupation=period-end balance of monetary funds/(current year accumulated)amount of product sales × 12/months

Liquidity Ratio　ratio of liquid assets against liquid liabilities. It indicates an enterprise's capacity of liquidating assets to repay liquid liabilities when short-term debt becomes due.

Liquidity ratio=liquid assets/liquid liabilities × 100%

Liabilities / Assets Ratio　ratio of liquid and long-term liabilities to total assets of an enterprise during the fixed period. It not only indicates the riskness of an enterprise, but also the operational capacities of the enterprise in utilizing creditor's money.

Liabilities/Assets ratio=(liquid liabilities+long-term liabilities)/ total assets × 100%

Turn-over Ratio of Liquid Assets　number of times of average liquid assets' turn-over in a certain period for realizing products sales. It indicates the turn-over speed of liquid assets and effectiveness of the use of liquid assets.

Turn-over ratio of liquid assets=(accumulated sales of the current year × 12/months)/average liquid assets utilization

Industrial Products Sales Ratio　ratio of product sales against total industrial production. It reflects the realized product sales in the industrial production enterprises and the links between production and sales.

Industrial production sales ratio=revenue of product sales/ value of industrial production(current price) × 100%

Ratio of Profits to Sales Expenses　ratio of realized profits against sales expenses.

Ratio of profits to sales expenses=profits/product sales expenses × 100%

10 ■ 主要指标的概念及定义

6 ■ 零售价格指数 由国家统计局编制，是反映城乡商品零售价格变动趋势的一种经济指数。零售物价的调整变动直接影响城乡居民的生活支出和国家的财政收入，影响居民购买力和市场供需平衡，影响消费与积累的比例。因此，计算零售价格指数，可以从一个侧面对上述经济活动进行观察和分析。

居民消费价格总指数 由国家统计局编制，是反映一定时期内城乡居民所购买的生活消费品和服务项目价格变动趋势及程度的相对数，是综合了城市居民消费价格指数和农民消费价格指数计算取得的。利用居民消费价格指数，可以观察和分析消费品的零售价格与服务价格变动对城乡居民实际生活费用支出的影响程度。

企业商品价格指数 由中国人民银行编制，其前身是批发物价指数，始编于 1994 年。这是反映企业间商品交易价格变动趋势和程度的综合价格指数，其商品调查范围涵盖全社会物质产品，既包括投资品，也包括消费品。指数体系包括三种分类：一是按国家标准行业分类，二是按商品的生产过程分类，三是按商品用途（也称为需求）分类。企业商品价格指数采用固定权数加权几何平均公式计算，所用权数根据投入产出表和工业普查资料、农业统计资料和其他补充调查资料测算。全国共有 220 多个调查城市，分布在除西藏以外的各省、自治区和直辖市。所选商品 791 种，规格品 1700 多种，报价企业 2500 户。

6 ■ Retail Price Index (RPI) reflects the general change in prices of retail commodities, which is compiled by State Statistics Bureau (SSB). The changes in retail prices directly affect living expenditure of urban and rural residents and government revenue, purchasing power of residents and equilibrium of market supply and demand, and the proportion of consumption and accumulation. Therefore, RPI can predict to certain extent the changes of the above economic activities.

Consumer Price Index (CPI) reflects the relative change in prices of consumer goods and services purchased by urban and rural residents, and is derived from urban CPI and rural CPI, which is compiled by SSB. CPI can be used to predict the impact of consumer price changes on living expenditure of urban and rural residents.

Corporate Goods Price Index (CGPI) compiled by the People's Bank of China and it was preceded by Wholesale Price Index (WPI), which had come into existence since 1994. CGPI is a comprehensive price index, which represents developments in the prices of goods provided in inter-enterprise transactions. The surveyed goods of CGPI covers all material products of the whole society, i.e. capital goods and consumer goods. And the Price Index System can be classified as three different categories: the first one classification is in line with the state standard industry classification, the second one is on the basis of different production process, and the third one is on the basis of commodity uses. The calculation of CGPI is based on the equation of fixed-weighted geometric mean with the weights calculated on the basis of the input-output table, industry general survey, agriculture statistics and other supplementary survey. There are more than 220 cities joining the survey, which covers all provinces, municipalities under direct jurisdiction of central government, and autonomous regions except Tibet. The CGPI covers 791 surveyed commodities, more than 1700 sample goods and 2500 outlets of enterprises.

责任编辑：贾　真
责任校对：李俊英
责任印制：陈晓川

图书在版编目（CIP）数据

中国人民银行统计季报．2025-1／中国人民银行调查统计司编．－－北京：中国金融出版社，
2025.3 －－ ISBN 978-7-5220-2732-6

Ⅰ.F832.31-66
中国国家版本馆 CIP 数据核字第 202579B7D4 号

中国人民银行统计季报．2025-1
ZHONGGUO RENMIN YINHANG TONGJI JIBAO 2025-1

出　版
发　行　中国金融出版社

社　址　北京市丰台区益泽路 2 号
市场开发部　　（010）66024766，63805472，63439533（传真）
网 上 书 店　www.cfph.cn
　　　　　　　（010）66024766，63372837（传真）
读者服务部　　（010）66070833，62568380
邮　编　100071
经　销　新华书店
印　刷　天津市银博印刷集团有限公司
尺　寸　210 毫米 ×285 毫米
印　张　7
字　数　212 千
版　次　2025 年 3 月第 1 版
印　次　2025 年 3 月第 1 次印刷
定　价　98.00 元
ISBN 978-7-5220-2732-6
如出现印装错误本社负责调换　联系电话（010）63263947